论商业 理性的谬误

〔法〕傅立叶 著
汪耀三 庞龙 冀甫 译
郭一民 校

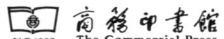

Шарлъ Фурье
ИЗБРАННЫЕ СОЧИНЕНИЯ
Издателъство академии наук СССР
1954 г.
本书据苏联科学院出版社 1954 年版译出

目　　录

论商业

问题的提法 …………………………………………………… 3
第一章　商业方法的顺序的系列 …………………………… 12
第二章　关于流通的基本论点的谬误 ……………………… 22
第三章　种类不同的破产等级 ……………………………… 34
第四章　破产的上升翼 ……………………………………… 37
第五章　分类的中心 ………………………………………… 46
第六章　下降翼 ……………………………………………… 60
第七章　关于破产的结论 …………………………………… 70
中介章 ………………………………………………………… 74
第八章　论囤积居奇 ………………………………………… 79
第九章　论证券投机 ………………………………………… 90
第十章　论寄生现象 ………………………………………… 94
第十一章　由论证商业所得出的结论 ……………………… 107
第十二章　趋向于七种垄断的商业制度的倾向 …………… 118
第十三章　论在粗暴的或破坏性的高潮中的海洋垄断 …… 131
第十四章　论单纯统一制度的航海垄断 …………………… 140

第十五章	论复杂统一制度的航海垄断	140
第十六章	关于欺骗性的商业的结论	141

由非精确的科学的可笑方面所证明的理性的谬误

政治 ····· 153
  贫困 ····· 157
  革命 ····· 160
  文明制度的各个阶段 ····· 161
  文明制度的上升的阶段 ····· 163
    第一阶段——童年时期 ····· 163
    第二阶段——成长时期 ····· 171
  文明制度的下降的阶段 ····· 177
    第三阶段或衰落时期 ····· 177
    第四阶段或凋谢时期 ····· 194
道德 ····· 199
  道德的起源 ····· 201
  道德同宗教的关系 ····· 211
  道德同政治的关系 ····· 220
关于非精确的科学的结论 ····· 227

论 商 业[①]

[①] 这部著作是傅立叶于1807—1821年间所写。在他去世后,于1845年发表在《法郎吉》杂志上。恩格斯对傅立叶这部著作非常重视,曾加以节译,并添加序言和跋,于1846年用德文发表,标题是"傅立叶论商业的片断"。——译者

问题的提法

……我们现在触及文明制度的痛处；这是一个重大的任务——必须高声反对现在的愚蠢的行为，反对现在大受欢迎的幻想。

现在来反对商业的荒谬，等于让自己被革出教门，如同在十二世纪时敢于反对教皇和诸侯的专横时的情形一样。假如必须要在两个危险的角色中选择一个的话，那么我认为以专制君主所不喜欢的真理去侮辱专制君主，比之于侮辱商人——统治文明制度和统治国王们本身的暴君——的精神所冒的风险还要少些。

当人们入迷的时候，是从来不能对于社会问题作出健全的判断的，最好的证明就是对待商业制度的问题，因为对这个制度稍加分析就可以证实它从各个方面毁坏和瓦解文明制度，就可以证实它在商业方面也如在其他一切方面一样，在非精确科学的影响下正越来越陷入迷途。

关于商业的学究式的争论已延续了将近半世纪，争论的参加者们已经出版了数以千卷的书籍，但是就没有看出商业机构是违反常识而组织起来的。这个机构使整个社会服从于不事生产的游手好闲的经理人阶级，即商人。一切主要的阶级——小生产者、农民、工业家——甚至政府，都服从于这一次要的阶级——商人；商人应该是受这些人委托的驯服的、替他们办事的可靠的代理人，但是商人一意孤行，控制商品流通的一切原动力，并妨碍这些原动力发挥作用。

这就是我所要加以讨论的情况；我断定在适当的政策下商业团体应该是团结一致的和自行保险的，而整个社会则应该是被保险的，即保证其不受破产、证券投机、囤积居奇、高利贷、不生产的损失，以及由这样一种制度所产生的其他紊乱局面的危害。如果一切政论家对善良习俗哪怕还有一点点他们所自夸的尊重的话，那么这种制度早就应该引起他们义愤填膺了。

对待与商业无关的其他谬见方面，学者们和舆论界是够谦让的；一般来说，他们一致的意见是：哲学体系是危险的妄想；我们对趋于完善化的能力的奢望已被经验所推翻；我们关于自由的学说与文明制度互相抵触；我们的善行是社会的伪装；我们的立法是乱七八糟；他们甚至对时髦的争论的对象——思想体系也加以嘲笑。但是商人的利益及其利益所系的资产负债表、平衡、担保、均等这些原则，变成了一切人对它叩头膜拜的遗训的神龛。因此，这也是我论述和谐制度的人们的商业统一性的那一作品中所必须加以澄清的一种错觉。

必须预先证明我们的商业制度，即受人俯首崇拜的对象正是真理、正义，从而也是统一的对立物。对于这一点我将用这一篇的最大篇幅来加以阐明。这一篇将以讨论三种统一性：商业的统一性、行政的统一性和宗教的统一性的三章来结束。

如果只根据人所共知的一些后果，例如海上垄断和官方垄断、国债的增加、由发行纸币而引起的各种程度的破产、各方面的欺诈行为的日益猖獗等来判断世人所实行的政策，那就很难向他们宣布：被他们看作英明的模范事业——商业制度——的那种活动,实在就是打在他们全部政策上的愚昧无知的烙印。我们已经可以痛斥自由商业的机构或自由欺骗的机构、经济中的真正无政府状态和可怕的力量,因为这种力量逃避政府的干涉,而在和谐制度下政府是必须控制商业,正如现在的政府必须控制发行货币权和制定度量衡权(这是在我们各个方面唯一充满诚实的事业)一样。

现在,社会机构中最虚伪的阶级竟受到正义的使徒们百般的庇护,这一点怎么理解呢？鼓励我们轻视财富的学者们对那不管诚实与不诚实(per fas et nefas)地一心只想发财的阶级、专搞证券投机和囤积居奇的阶级却称赞不绝,这又怎么理解呢？哲学家们也曾一致谴责过那些心安理得地硬说是拿并非是偷的那些社团中的人物。可是现在,他们却变成更龌龊的阶级的拥护者了,这类人物说：囤积居奇并不等于欺骗,蒙骗顾客不等于是盗窃他,从事证券投机、囤积居奇并不等于掠夺生产阶级,最后说：必须一心一意专为金钱而工作,而不是为了荣誉；这是大声合唱："我们不是为了荣誉而工作"的商人们的叠唱词。各种最新的科学由于忠于鼓吹这类原则的人们的事业而陷入歧途,那有什么值得大惊小怪呢？

如果说商人,连同他们的原则和阴谋诡计都值得受人鄙视的话,那么能不能由此得出结论说：商业也必须受到鄙视呢？不,决不能这样,因为商业是各种经济关系的轴心。人们只是当他们开始进行交换的时候,才进入社会状态。因此,商业是社会之树的主要枝干。既然大树的主要枝干已经浸透了欺骗的毒素,那么大树当然只会结有毒的果实了。

商业的欺骗状况,就是促使欺诈统治我们一切方面的原因。

科学曾希望在行政管理方面建立诚实的作风,但同样也必须在商业中建立诚实的作风。诚实的作风只要一劳永逸地在这个要点上扎下了根,那么它就会由此扩及一切社会组织方面去。被我称之为保证制度的第六社会时期所起的作用,就应当是如此。如果人们不是把商业机构看作是违反常识的东西,而是努力按诚实的方法把它组织起来的话,那么人们早在一百年以前就已经走进保证制度了。古代人只知嘲笑商业的欺骗,可是却忽略了去发现它。单是嘲笑商业的罪恶是不够的,应该找出反对这种罪恶的方法来。至于说到我们新时代的人,那么他们不但不去寻觅防止商人狡猾的解毒剂,反而极力去赞扬自由的欺骗,他们不但不努力去发现集体的和简单化的竞争,反而极力去称赞个人的和复杂化的竞争。

当人们听到一个突然冒出来的、在学术界默默无闻的人宣布发现了几种非常精彩的、非常有用的新科学的时候,是会感到惊讶的;每个人都会自问,一个无名小卒的人怎么能够做出比全体学者还要多的事情呢!在这一篇中,人们可以看到这个谜是怎样解开的;稍一分析商业,就可以证明新时代的人们拒绝研究像商业这种新的未曾触及的部门,他们也不想对商业进行分析。因为这种分析会引起对颂扬文明制度的那些科学的怀疑,会给新商业形式的问题和诚实保障的问题以应有的地位,并且这种研究很快就会使人们摆脱文明制度和获得无数的发现。但是当世人把欺骗或商业的无政府状态,以及个人的专横拿来作为‖社会进步‖的指南的时候,当你看到这些发现是由遵循相反的途径的人,即抨击欺骗、抨击自由商业,并研究诚实的有保证的行为方式的人作出的时候,是不是应该感到惊讶呢?

我曾说过保证问题,现在再把关于有理性的政策下商业团体应该是团结一致和自行保险这个问题说一遍,是适宜的。这种普遍的自行保险仅为达到在商业中以及在其他一切中的完善地步(人们只能逐渐达到这种地步)的第一阶段而已。我们将进一步看到商业的改善在于彻底铲除中介所有制,它是一切商业罪恶的轴心特点,是一切商业罪恶主干的基本部分。

在讨论关于商业机构的阶段问题时,我们必须区别:

半完善的阶段,这个阶段在于保障诚实的竞争,由于有了这种保障,已成为自行保险的商业团体就不至于再遭受破产、证券投机的折磨。

充分完善的或延长的寄售的阶段,这种寄售办法可使欺骗完全无用武之地,并可杜绝往往以生产者为牺牲品的那种损失。

这两个阶段属于第六时期即保证制度,以及第七时期即单纯协作社的两种商业方法。

﹛在研究这两种方法时,我不得不担任两种角色:有时作为文明制度下的人来研究问题,有时作为协调制度下的人来研究问题,因为第六时期的方法非常近似文明制度,而第七时期的方法则离开文明制度很远。所以我的基本论点按照下面的情形而有所变化,我是作为倾向于第六时期的方法的文明制度的人来考察问题,或是作为按照第七时期的方法而行事的和谐制度的人来考察问题。﹜

要讨论关于现代商业的弊病或关于欺骗方法的问题,必须利用下列的两个一览表,一个表是表明商业的各个阶段及其与各个不同时期的衔接,另一个表包含复杂化商业的各种特点或复杂化的商业的罪恶行为,第五时期或文明制度的商业情况正是如此。

我们应该根据后一个表对个人的竞争或文明制度的方法加以分析,并指出那些妨碍社会精神上升到保证制度方法或协调制度竞争的谬见。

这一研究首先要求分析构成现代方法,即构成欺骗的斗争和复杂化的斗争的第五种方法的各种特点。我现在以混合谢利叶的形式列出这些特点的一览表来。

分析这三十六个特点将能证明:文明制度完全不懂得商业机构的性质和目的,虽然这个制度应该尽快地了解整个命运的全部机构。

适用于各个时期的商业方法的顺序的系列

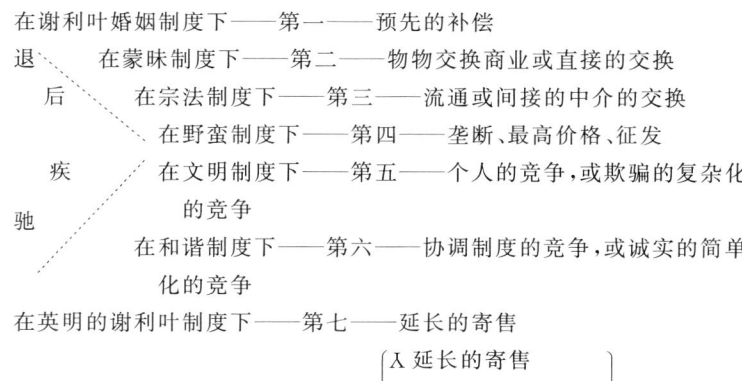

文明制度下商业的各种特点

一 览 表

[按混合谢利叶形式分配的]第五阶段

轴心╳中介所有制与农业的无联系状态

问题的提法

[Y 牺牲个人利益而获得的集体利益
入 中介所有制
混合种类的级数]

1. 作用的双重性
2. 价值的任意确定
3. 欺骗的完全自由
4. 团结一致精神的缺乏
5. 资本的转移
6. 日趋降低的工资
7. 人为的停滞
8. 引起萧条的丰裕
9. 重复的掠夺
10. 破坏性的政策
11. 不景气或信用的破坏(反响)
12. 虚假的货币(个人的)
13. 国库的复杂化
14. 传染性的犯罪
15. 愚昧主义
16. 寄生现象
17. 囤积居奇
18. 证券投机
19. 高利贷
20. 无益的劳动
21. 工业的抽彩
22. 闭关自守的团体的垄断
23. 官方的垄断或因伪造所迫而实行的国家的管理
24. 异国的或殖民地的垄断
25. 粗暴的海洋垄断
26. 封建的、阶级的垄断(由于集中的结果)
27. 挑拨离间

28. 不生产的损失

29. 腐败堕落

30. 对于健康的损害

31. 破产

32. 走私

33. 海盗行为

34. 最高价格和征用

35. 投机性的奴隶制(黑人)

36. 普遍的利己主义

[进入单纯与复杂的两种——直接的和返回的——复杂过渡

$$K \begin{cases} > 均衡的团体 \\ \geqslant 简单化的竞争 \end{cases}$$

$$K \begin{cases} < 单纯的联合垄断 \\ \geqslant 复杂的联合垄断 \end{cases}]$$

文明制度为了要完全依附于作为自己的政治方针的商业,现在的确忽视了自己以前的一切政治和道德的幻想,从而承认自己以前的一切制度都是有缺陷的。现在要待证明的就是将代替这些制度的那种制度更是有缺陷的。

这里包括有协调制度的种种好处的间接证明,因此最好是叙述一下世人所最赞美的文明制度机构的分支,以便使人们可以判断其缺陷已为人们所公认的别的分支是怎么样的,并可以判断产生三十六种与现代商业结果相反的结果的商业制度又将是怎么样的。

要把这三十六种结果一一加以说明,未免过于冗长;这将是一部篇幅很大的著作的论题。因此我们只能选择其中极少数的几种结果来说说;我现在仅仅说明如下的七项,其中

一、详细说明：破产 { 将用连续的三章来加以说明。

二、概括加以说明：$\begin{cases}囤积居奇\\证券投机\\寄生现象\end{cases}$ 将用第三章加以扼要说明。

三、泛泛加以说明：$\begin{cases}人为的停滞\\引起萧条的丰裕\\虚假的货币\end{cases}$ 将合并在一章中说明。

这样，我们就把所研究的问题归结为七章，这将给我们一个明确的概念，足以使我们确信文明制度在商业政策方面已经完全陷入迷途，因为它不是去努力过渡到 V，过渡到单纯的和复杂的联合的垄断（这是自然的出路或者说依据于本能的出路），而是努力达到上面第二表中所列举的 22—26 号五种垄断中的正在酝酿的第五种垄断。这种垄断将引起文明制度体系的全面衰落，并使这个制度陷入它已被有力地吸引去的第四阶段。

第一章 商业方法的顺序的系列

从第一表中可以看出,八种方法是属于八个社会时期的。假如世人把自己所想象的正确性应用到分析中来,那么他们就能认清我现在扼要说明的这些方法在商业上的顺序的系列。

四种社会——

一、谢利叶婚姻制,伊甸园制度

二、蒙昧制度

三、宗法制度

四、野蛮制度——

包含有各种单纯的方法,其中三种是值得赞扬的。只有包括借助于像征用和最高限价这样公开的强制力量而实行的单纯强制行动的第四种方法,才是应该加以责难的。还有应该加以责难的,是像垄断,以及像用职权、法制和政策来掩饰的其他压制手段的那样复杂的强制行动和国库行动。

我不打算谈任何关于第一种方法的事,因为在我没有阐述第一时期即称为伊甸园制度或谢利叶婚姻制或地上乐园的本质以前,这是不容易了解的。

第二种方法——直接的交换——是用不着加以说明的。没有货币的蒙昧人才使用这种方法。谁去打猎有了捕获物,他就可以拿一只野禽去换取别人制造的箭,后者不去打猎,但需要食品。这种行为的方式是交换,而不是商业。

第三种方法是原始的商业。这种商业是通过拥有完全不是自己生产出来的,也完全不打算去消费的那种货物的中介人来实现的。这种方法虽然是有缺陷的,并为恣意胡为留下了广阔活动的余地,但是它在下面三种情况下却非常有用:

一、在只有农业而没有工业生产的一些新国家中:一切初期的殖民地都处于这种状况。

二、在难于开拓的一些国家中,例如西伯利亚或非洲的沙漠地带:那些不顾恶劣的天气而把日用必需品运到遥远地方去的商人,是很可宝贵的人。

三、在受压迫和不自由的国家中,在那里游牧的阿拉伯人勒索赎金和掠夺商队,有时甚至虐杀商人,因此应该给不顾这类危险的人以一切的保护,使他们能把货物供给辽远的地方。如果这类商人发了财,那是完全应该的。

在这一切的情况下,商人不是证券投机者,也不是囤积居奇者,他们绝不会把预定供消费之用的货物拿来倒卖。他们只要一到目的地,就会在市场上或在赶集的地方把货物公开出卖给消费者;最后,他们加快了生产运动。他们希望获利,在文明制度下再没有比这更公平不过的事了,因为播种的人应当获得果实。但是商人们很少以这种活动为满足。他们单独地或联合起来施展阴谋诡计,以妨害商品流通和迅速抬高价格。

当中介人由于他们的人数过多而成为寄生者的时候,当他们共同相约隐瞒商品,而借口商品不足(这种不足是人为造成的)来抬高物价的时候,最后,当他们不是用公开中介的方法来为生产者和消费者服务，反而用证券投机的方法去掠夺生产者和消费者的时候，商业的弊病就开始产生了。以公开中介方法为生产者和消费者服务的这种正直行为，我们在乡村的和城市的小型市场上还可以见到。购买一百头牛犊和公羊的人，就是一个对于二十个农民有益的中介人，因为他可以免去这二十个农民耗费许多劳动日去到城市贩卖这些牛羊。如果这个中介人到了市场上，把自己的牛羊公开地摆出来卖，那就是说他对于消费者立了功；但如果他利用诡计去和其他的商业朋友们勾结，把四分之三的公羊藏匿起来，再向肉商说：现在公羊很稀少，仅够供给少数的朋友，于是利用这种口实把羊价抬高一半以上，并在购买者中散布不安的情绪，然后，把藏匿着的公羊一头一头地拉出来，因为有普遍的不安，所以就以特别高的价钱出卖，因此从消费者方面获得高额的利润，——这种情况已经不是单纯的流通或公开地无奸诈地出卖商品，而是复杂的流通，这种流通的诡计是形形色色、层出不穷的，以致产生我们商业制度中的三十六种弊病及为法律所公认的垄断。如果以阴谋诡计控制一切产品来抬高物价，那就等于借助于这种狡诈手段来进行比手执武器的垄断所进行的掠夺更大的掠夺。

我不详细来说明第四种方法，那是野蛮制度下人们的方法。这种方法包含有在文明制度下最常用的最高限格、征用和垄断。我曾说过，各个社会时期在行动的方式上是互相连接的，因此，文明制度既向低级的第四时期借用一些东西，又向高级的第六时期借用一些东西，这是用不着惊奇的。我们也使用第三和第二时期的方法。另一方面，我们实行着属于第六时期的寄售和属于第七时期的已导向均衡状态的特殊的国家管理。我们有时在互相信任的朋友和人们中间看到属于第一时期的预先补偿。由此可见,文明制度的商业机构是一切时期的特点的混合物,但是在这里,那些比第四时期即野蛮制度的特点更为讨厌的第五时期的特点仍然占着统治地位;因为在虚伪的法律制度下,我们的商业不过是有组织的和合法化的抢劫行为而已,借助于有组织的和合法化的抢劫行为,这些握有商品的中介人就可以达成协议,来造成一切食品的人为的缺乏,用这种方法来同时掠夺生产者和消费者,以便出其不意地攫取五千万的肮脏财产;而这些财产的所有者还在埋怨说:人们没有给商业以保护,商人活不下去,什么都不好规划;又说如果商人只能赚得五千万财富,那么国家就会灭亡。

同时,有一种科学来开导我们,说应该赋予商人以完全的自由。他们向我们说:你让商人自己去行动吧,因为一个仅仅赚得五千万财富的囤积居奇者如果没有这种自由,也许就只能赚到一百万,而他的可尊敬的家庭可能被迫背着五万法郎的利息过活。

上帝啊!请您防止这种没落吧(Dii,talem avertite casum)!

这里提出了一个供讨论的极为重要的问题,即估计文明制度在商业机构方面所作出的成就的问题。我们现在用几句话来说明争论的实质。

第一、第二、第三、第四时期并不向完善状态急进,反而有走往野蛮制度所表现的那种可怕的退化的倾向,如社会面临深渊,运动陷入绝境,但是在这方面很有意思的是,这种绝境乃是跃进的据点,即作为和谐制度之杠杆的那种大规模生产的据点。在未达到和谐制度以前,社会必须在幸福面前后退几步,也像一个人面临深沟,必须后退四步,以便鼓足气力跃过或比较容易地跳过深沟。

因此,在社会阶梯上紧接野蛮制度之后的文明制度是走向完善制度的第一步,所以它有采用第六时期——保证制度——的一切措施的倾向。它应该本能地发现第六阶段的行动方式,但没有加以发挥:因为单是发现矿脉是不够的,还必须开采它。文明制度也有先垫款来实行寄售的办法,在这种方法下,中介人虽然预付了寄售的物品的一部分价值,但他既不是商品的所有者,也不是随心所欲的贩卖者。

这种办法已经不是第三时期的单纯流通,也不是构成第五时期特点的复杂流通。商品的代售人没有中介的所有权,也没有自己评价的权利。他的业务已经完全超出文明制度机构的范围。这是与第六时期的轻微的联系。但在达到稳健的寄售或第六时期的商业方法以前,还有多少的措施尚待发现呀!

几乎同样正确的是:我们已具有商业进步的萌芽,或进入保证制度的萌芽,也像在货币制度方面我们已有进入第七时期的萌芽一样。但是不幸得很,这些在文明制度下已经得到传播的珍贵的萌芽,并没有引起科学方面的注意。这些萌芽就好像也门莫卡的田野里的咖啡一样,人们在几千年期间中要不是一个偶然的机会,一直都没有发现它的特性,因为植物学家们不能够辨别这种特性。

人们不去发展称为寄售制的萌芽,反而歪曲这种萌芽,并且每一次在应用时都加以荒谬的解释。寄售制应该加以延长,这就是说货物由一个商品仓库转移到另一个商品仓库时,应该这样地到达消费者手中,即不让任何一个中介人能从消费者那里获得超过生产者给予商人的手续费和运费的其他利润。这种行动的方式不但应该推广到零售方面而且也应该推广到批发方面,正如在我们将要跳过的第六时期中或保证制度下一样,在每一个有一千五百人到二千人的居民区中只有一个商品仓库。那里存放着由各省仓库中搜集来的样品,以及本地生产的日用必需商品。这个可以代替一切商人的仓库将同政府共分手续费的收入,政府由此变成了在商业中拥有一半股份的股东(商人们现在则想把政府从商业中排挤出去),变成了反对欺骗竞争的参加者,这种行为与"让商人们自己行动吧,让他们的欺骗行径为所欲为吧"的那种现代原则,是根本对立的。

按第六时期的方法组织起来的保证制度的仓库,经常拥有向能够提供产品或动产保证的小农户投资的基金。这时,高利贷的统治就会宣告结束,因为这个仓库可以按最低利率发放贷款,并为农民提供享受优先权的机会,而这种优先权现在只有证券投机者才能享受。这些证券投机者以百分之三的年息得到资金,而农民向高利贷者借债却要付百分之十二的利率。

保证制度的仓库收适度的手续费,来接收和采办各种各样的商品,如稻谷、酒等;于是农民就可以不再关心这些事务而专心致力于农业,并去从事很多在文明制度下所不知道的工作。在文明制度下,育林、灌溉及其他各种活动还处在摇篮时期。文明制度下的郡从来没有想到要培育森林,他们只会毁坏森林和赞美趋于完善化的能力。

既然我们要越过第六时期,那就用不着来详细地描写它。为了证明我们科学的缺陷,我只对它略略提一下而已,因为我们的科学掌握着一切幸福的萌芽,却不想发展其中哪怕是任何一种的萌芽。

我使用"发展"这个词，是因为在组织保证制度的仓库以前，必须采取许多行动；而名为寄售的这种萌芽，也正如某些昆虫类在达到主要形态以前必须经过几次变化一样。这种依次相继的变化也许至少要花三十年的工夫，但是要组织第七或第八时期的协作社，却连三年的工夫也用不了。

这里谈一谈第六时期也是同样有趣的，因为它是文明制度在自己的一切特点方面力求达到的最终目标。文明制度很少有进入第七时期的意图，因为在文明制度下很少有第七时期的萌芽，但是可以说在它的每一步中都有第六时期即保证制度的萌芽。在我们看来，保证制度是预定的目的，是本能的要求。因此，我们的学者们梦想着商业上的保证、平衡、对抗、商业稳定和相应的自由。但是，命运妨碍了近代的学者们，或者坦白地说，胆小断送了他们，他们拜倒在金牛犊前，竭力称赞本来是应该加以揭发和推翻的那种欺骗性的商业关系。科学在这种研究工作上应该以荣誉为指南，但荣誉并没有要他们去赞扬证券投机者、高利贷者、破产者和唯利是图的能手。

对于商业的蔑视，即各族人民天生的蔑视，支配着值得尊敬的一切民族，只有几个由通过唯利是图的勒索和欺骗取得利益的商人所构成的沿海部族除外。例如雅典人、泰尔人和迦太基人就利用过勒索和欺骗，因此他们对这类方法就不会加以嘲笑，因为任何一个人是不会嘲笑自己生财之道的，一个金融家也未必会嘲笑在账上多加几个圈圈的手法，他也不会把自己业务上的账簿交给自己的敌人，因为人们不会把现金留给敌人的，虽然他们也说现金和账簿是放在一起的。

第一章　商业方法的顺序的系列

实际上，不管对于古代人或近代的人来说，商业都是一切可尊敬的阶级嘲笑的对象。试想怎么能够尊敬那些专事欺骗的人的职业呢？他们的每一句话都靠不住，他们利用巧妙的手法一下子便可赚取数百万金，可是，一个诚实的所有主，即以自己的经验与辛勤劳动建立了自己产业的所有主，要费许多力气才能使自己的小小的收入得到稍许的增加。

可是，称为经济主义的新科学把商人、证券投机者、囤积居奇者、高利贷者和破产者、垄断者和商业上的寄生者捧到光荣的顶点，这已经有一百年了；债台越来越高和经常必须举债的政府不得不掩饰自己对于商人的蔑视，并对这个掌握着文明制度的钱袋，并且在为政府服务的口实下榨取工农业生产中的一切财富的商人——吸血鬼阶级加以宽恕。商业能为运输、供给和分配服务，这是完全对的，我也这样说过，但是它的行为则像一年的实际工作只值一千法郎却盗取自己主人一万法郎的仆人一样，这个数目超过他的工作所值的九倍。

现代的政府也像一个年轻的败家子一样，那个败家子虽然心里看不起犹太人，但是他非常恭顺地应酬犹太人，他每星期不断地跑到犹太人那里去，为的是好使犹太人剥削他。同样，现代的政府在表面上蔑视商业的情况下，不得不和因为具有同工业家（实际上商业是工业家的掠夺者）打成一片的技巧而获得更大意义的商业订立停战协定。经济学者们在这个小生意人的兽穴中找到了新信条的发源地，找到了思想体系的源泉，因此推翻了道德和自己对于真理的幻想，以便把自己的宠爱者——证券投机者和囤积居奇者——捧上宝座。其后，一切的学者都竞相表示自己的谦逊。科学第一次把证券投机者和囤积居奇者看作是与他人平起平坐的人物,伏尔泰甚至为英国商人写了一个悲剧。现在如果有一个学者来为证券投机者们写出一个悲剧,那么他们将会报之以哄堂大笑。证券投机已经摘下了假面具,它再用不着学者们的阿谀逢迎,他希望秘密地参加政府,而不久就希望合法化地参加政府。例如,我们知道,亚琛会议在两个银行家未到达以前,什么事情也不能解决。

经济学的思想体系能不能用颂扬商业的金牛犊来消灭人民对它所抱的天然的蔑视呢?这是不可能的,商业仍然是贵族、僧侣阶级、农民、市政当局、法律顾问、学者、艺术家、军人,以及其他一切值得尊敬的阶级内心蔑视的对象。拿一大堆的诡辩去说服他们,要他们敬重证券投机的吸血鬼,那是徒劳无益的。人们对于这个暴发户阶级仍然充满着天然的蔑视。每一个人都向财富所支持的教条的影响让步,但是内心里每一个人又蔑视这条不理睬别人对它的仇恨而继续进行掠夺的小商人的多头蛇。

我们这个世纪曾发表了许多关于公民阶级犯罪行为的著作,甚至发表了关于1815年只存在一个月的联邦主义者们[①]的罪行,我说这个世纪在它关于犯罪行为的大量出版物中,既没有饶恕帝王,也没有饶恕教皇,可是却从来没有想到公布商人们的罪行,这是什么原因呢?同时,我听说著作家们一致宣布要寻找题材。为了向他们证明这个题材内容的丰富,我将有系统地分析商业的罪行中之一——破产。这不是纯粹的批判分析;它供给我们对文明制度应该作出一些结论的题材。

---

① 傅立叶在这里指的是"百日"时期内归附拿破仑的法国志愿兵。——译者

第一章 商业方法的顺序的系列

为了研究一切都是诚实的和谐制度的人们的商业制度,似乎同时有必要研究一下欺骗行为的方式。也好像在算术的领域内一样,为了使人相信演算的正确性,有一种补充的演算方法,那就是相反的验算,同样,我们也应该用复杂方法来研究商业,拿两个使用相反的方法的商业,即使用欺骗方法的商业与使用诚实方法的商业来加以对比。为了遵循这种方法,就必须着手严格地分析商业,这是经济学家们所不敢向我们说明的,因为要加以说明就等于拿承担为商业发现新的行为方式这一义务来欺骗自己。

对于商业实况的描写,可能使拥护文明制度的人们采取另外的立场,他们将同意万一这个制度延长下去的话,那么就有必要来改造它的商业机构,使之适合于第六时期——保证制度(因此,必然的出路是:不再继续称赞文明制度)。

为了证明这个论点,以及为了向文明制度政治家们指出他们拥护商人的精神是如何的谬误,我认为有必要至少分析这种精神的特有表现中的七种表现。我们现在开始从三种应该合并在一章中的表现来说起吧。

第二章　关于流通的基本论点的谬误

由考察三个特点——表中第七、第八和第十二——而得到的证明

我们的世纪关于经济运动的理论虽然有这样多，但既不能区别流通和停滞，在分析流通时又不容许区别间歇流通与连续流通，单纯流通与复杂流通。我们不来详细说明这些干燥乏味的区别，而是从迫使我们要谈的那些事实开始，这些事实我们可以从得出与经济主义关于流通的那些论点完全相反的一些基本论点。

政府也和人民一样，都同意对伪造货币和伪造国家证券的人应处以死刑。因此，对银行券的伪造者和硬币的伪造者都处以同等的刑罚，这是最英明的预防措施。为什么商业可以享有这种伪造货币的权利，而其他公民伪造货币却要走上断头台呢？

商人所发出的一切票据都有变为伪币的可能，因为票据的支付是完全没有保证的。凡是打算破产的人都滥发自己的票据来流通，他们并没有一点要兑现这些票据的意图。这样，他们就制造和扩散了伪币。

要是使其他的公民享受这种特权，要是使土地所有者也像商人一样有发行票据并使之流通的权利，人们会不会起来抗议呢？

这种抗议丝毫没有提出过。土地所有者绝没有这种可能性。事实上，凡是不能实现的权利，都是幻想的权利。最好的证明就是宪法上人民有主权的规定。与这种冠冕堂皇的权利相反，一个平

民要是身边没有一个苏，他甚至连一顿饭都吃不上。这说明由对主权的要求到对吃一顿饭的要求，中间有一段很大的距离。所以，许多写在纸上的权利，都是不现实的，把这些权利赋予那些毫无办法实现的人，那是对他们的一种侮辱。

土地所有者在发行票据方面的情形就是这样。他有权利发行票据，也像平民有权利要求主权一样；但是享有权利和实现权利——这是完全不同的两码事。如果土地所有者希望发行票据，他不提供保证就无法寻到接受者，人们将和对待行使伪币的人一样来对待他。人们要求他以完全没有债务关系的财产来作为担保品，外加上高利贷的利息。他要发行票据就得提供这么多的代价，这类票据是有保证的，所以是有真实价值的货币，而不是虚假的货币。但卑鄙市侩的票据又是另外一种情况，票据的发行者以商业朋友的资格发行一百万的票据在市场流通，可是他手中实际没有百分之一的保证金，即是说甚至没有一万法郎来作为他所投入流通中的一百万的票据的保证金。

这里试看一看政府的愚蠢，它自己不去利用这种发行票据的可能性，却去保证卑鄙市侩从中牟利。我们用以下的数字作比较：

	担保	可发行的有价证券
商人	10000 法郎	1000000 法郎
国库	10000000 法郎	1000000000 法郎

如果事实上只有一万法郎作保证金的商人，获得了许可和庇护，他就可以随心所欲发行整整一百万的有价证券，如果他能享有这种用不着法律去干预他的营业，即他的保证方法而发行如此大量有价证券进入流通的特权，那么国家的国库按照这个比例应该

享有只需提出一千万的有效保证金就能发行十亿有价证券的权利。但是假如任何一个政府不征求舆论,也没有说明自己的动机就实行这样的发行,那么它将眼看着自己怎样丧失信用,而国家又怎样变成政治骚乱的牺牲品。实际上说来,政府不过是享有商业的特权,而这种特权不知曾为多少阴谋家所利用,他们经常地不提供百分之一的保证金,并且全部家当也不够抵偿他们的发行额。

可以这样说,这些阴谋家善于说服蠢材们并赢得了他们的信任,从而奠定了作为商业主要基础的如下原则:必须利用一切的庇护来巧妙地欺骗和掠夺那些轻信的人,必须使这种庇护只给予商人,而不要扩展到政府方面。我不是主张这种庇护应该给予商人和政府,而是说必须禁止把这种巧妙的技巧交给商人和统治者。

由上所述可知商人利用机会以票据形式(第十二个特点)发行伪币是一种罪行,就等于发行伪造的硬币一样,要是其他一类的骗子做了这一类事情,一定被送上断头台;可知在文明制度下人们的商业制度是使欺骗的竞争(第三个特点)合法化,并给予他们以保护。

我现在只作出如上的一些结论;可能还可以引申出与表中各种特点有关的其他许多结论来。但是我们不要使这些初步的概念复杂化,所以我们只是查明我所选为素描材料的十二个特点相互之间的联系和相互引申。

对于伪币以及对于发行伪币这种无限自由的责难,也如对于其他主要罪状的责难一样,有如下一种困难:为了实现交换,就一定要有商人,如果限制他们,那么商业方面就会趋于停顿——那时候政府将使社会信贷趋于消灭,使一切经济部门都受到毁灭的

第二章 关于流通的基本论点的谬误

威胁。

当社会团体对商业表示反抗的样子时，商业就具有钉紧我们镣铐的特性，这种说法是完全正确的。例如只要某一种行政措施妨碍了商业的阴谋，它就会收缩信贷，使流通陷入瘫痪状态，由此得出的结果就是，政府想消灭一个罪行，反而制造了许多新的罪行。这是在表中名为反击(第十一个特点)的后果。

人们以这种危险为口实，主张确定一种让商人们自由行动的原则；说商人的完全自由就是流通的保证。这种原则是不正确的，因为他们的完全自由将在流通中产生一切令人愤怒的阴谋诡计，例如证券投机、囤积、破产及其他，并由此产生两个特点：

七、人为的停滞

八、引起萧条的丰足

让我们来研讨这两个特点对于流通的影响吧。

商业常常不遵守第三种方法：它往往以囤积和搞证券投机的办法施行阴谋诡计，人为地造成本来不甚充裕的商品的短缺。1807年，证券投机的手段在五月这一个月内就突然把砂糖的价格抬高到五法郎，同样的砂糖在六月里虽然根本没有增加新的供应，却又跌到两法郎了。这是人们借助于使砂糖回到它的真实价值的那种伪消息来破坏了证券投机，同时终止了种种阴谋诡计和因人为的缺糖而发生的恐惧心理。不难看到他们每天都在操纵某一种粮食商品，使它在并不真正缺乏的情况下成为稀有的东西。例如1812年当丰收有了把握，囤积居奇者大为失望时，人们就看见突然由他们的仓库中运出无数的谷物和面粉来。可见如果实行合理的分配，这些食品本来是不会缺少的，也不会有什么饥馑的危险。

但是商业具有借助于预告危险的方法，同时制造慌乱心理和人为不足来停止流通的特性。所以在食品真正不足的时候，商业就一定会停止流通，那时候它将按照第五种方法，即欺骗的、复杂化的斗争的方法来行事。

在丰足的情况下也会发生同样的影响，那时候商业会制造人为的过剩恐慌来使流通停顿。在第一种情况下，商业的活动是积极的，它收购和囤积粮食商品；在第二种情况下，它以消极的方式来起作用，即不购买粮食商品，并迫使这些商品的价格跌落到农民卖出不够补偿其生产费用的程度。由此产生第八个特点，即引起萧条的丰足。

商业回答说：当它看到无利可图时，它是不会购买什么东西的；当没有价格上涨的任何先兆时，它是不会干蠢事，堆存大批谷物的；但是它能大有成效地运用自己的资本去购买那些感到缺乏，同时会因收购而更感缺乏并保证它能赚钱的商品。

这就是专门空喊相互保证的那种社会制度中的方便的和惬意的原则。因此商业在它认为方便时，就可拒绝为社会机构服务。它可同战斗有危险时就拒绝战斗的那种军队相比。它只顾自己的利益，而没有把国家的利益放在眼中。我们的以单一式的片面义务为条件的生意人的策略就是这样。

如果许可商业从农业方面吸取大量的资本，那么这应该是在预定相互有利的那种复杂服务的条件下来进行的。如果商业在预见粮食缺乏时，便以低廉的价格抢购和收藏粮食，而在粮食丰足的时候，便不给农民以定金，也不向他们收购，那么这还有什么互惠可言呢？

第二章 关于流通的基本论点的谬误

第六时期（协调社会的竞争）的商业把建立粮食储备和丰足的产品的仓库作为自己当然的职务；它在丰年进行采购粮食以备荒年的需要。因此，丰足决不会造成萧条，也丝毫不会降低粮食的价格，更不会变为农民的灾难。

1820年谷物价格在各个边区下跌到每斗三法郎以下，可是在这些边区，谷物价格如果不上涨至四法郎，农民便不能抵偿自己的成本和捐税。假如法国的商业利用丰收，及时地购买粮食，以备三千万居民半年内的食用，那么这种不幸本来就不会发生。这些由流通中抽出和保存在仓库中的大量后备谷物，本来能维持剩余的一部分谷物的价格；农民也不至因他的谷物商品的价格低廉和卖不出去而被压得透不过气来。

这是协调社会商业的目的，也是复杂活动的目的。这种复杂活动的目的是在于防止由食品丰足而产生的弊病，以及由食品不足而产生的弊病，并预防这种或那种的不利事件的产生。在这种情况下，商业变成了复杂的协调形态的商业。

我们现在的制度却与此背道而驰，它使丰足的弊病加重（如果丰足不用及时地储藏来使其得到平衡，那自然会引起萧条）；也使商品不足的灾难加重（如果商品不足不采取防止价格无限上涨的有效办法来使其得到平衡，那自然会变成致命的不足）。所以，引起这两种后果的我们的自由竞争制度，是属于复杂的破坏性的类型，也正如我们的具有简单化的思辨的政策一样，总是招致复杂的、破坏性的（即双重的）灾难一样。

我选择这第八个特点——造成萧条的丰足，目的在于说明在现代类型的商业中有其消极方面的缺陷，并说明它往往很可能犯有干预不够和照应不周的弊病,因为如果在歉收时需要五亿法郎购买谷物,那么马上就能筹到这笔钱,但如果这笔钱是为了采取像丰年积谷这样的预防性的措施之用,那么就连五百埃奇①也会筹不到。在社会机构与商业团体之间所缔结的契约是没有任何互惠和保障的。商业团体是只为自己的利益而不为社会的利益尽力的。由此可以明了,它所使用着的大量资本一般地说来乃是由一切经济部门中盗窃来的。我把这种盗窃列为第五特点,名之为资本的转移,这种资本在第六时期的保证制度下是用之不竭的,不但可以及时地购存谷物,而且也可以按最低利息以定金形式付给农民。

这种第六与第五时期商业职能的对照,说明在第六时期商业与社会团体机构之间是相互承担义务的,而双方相互效劳也是预先就决定好了的;至于在第五时期的文明制度下,商业对于社会团体就没有任何的义务关系,所以手足被捆绑起来的社会团体只好任凭牛头人身的怪物②去吞噬,并且保证这个怪物可以任意处置资本和生活必需品的权利。

人们高谈阔论过许多反对专横的话,但是还没有发现真正的专横,这种专横就是商业的专横,它是政治界中真正的暴君。假如第六时期——保证制度(这个制度离开和谐制度还很远)能够突然地建立起来,那么我们将非常惊异地知道,文明制度下人们所埋怨的专横,不是来自政府,而是来自商业,后者以罪恶的手段运用资

---

① 法国十四至十五世纪的金币或银币。——译者
② 希腊神话中半人半牛的怪物。——译者

本来束缚生产的发展,同时使农民和国库陷入灾难的深渊,并利用这种双重的灾难,强迫国库向人民榨取最后一滴鲜血。反之,在第六时期,当国库如我刚才所说的那样,用复杂的和保护性的方式来进行商业时,商业就将成为人民的同盟者和支柱。

在这些对保证制度即第六时期的简略的评语中,我不得不撇开和谐制度的机构,而专对同文明制度很接近的那个时期作理论上的考虑。这些对保证制度及其方法的议论,往往像是对商业制度的批判。我将尽量少以和谐制度的方法为出发点,而多以保证制度的方法为出发点,因为保证制度的发明比较接近于文明制度的精神。为了对建立在特殊方法和原理上的第六时期即保证制度作出一个概括的论述,我只好暂时不再提第八时期即和谐制度,这在我这方面说来既不是模棱两可,也不是自相矛盾。为了使读者不至把对象的两重性,把同时被考察的两种活动方式的结合认为是原则上的两面性,最好是预先好好告诉读者这是表面上的模棱两可的态度。

现在让我们来总结一下上面所说的成为这一章研究对象的三个特点,即第七、第八和第十二的特点。由于对它们的研究,可以得出如下结论:文明制度的机构保证商人犯了伪造货币罪时(其他各阶级犯了这种罪是要被处死刑的)完全不受处罚;而这种罪行不受处罚,又保证了商人得以借口似乎帮助流通来停止流通;若揭开来一看,他们是在两方面实行停止流通的:

在积极方面——用人为停滞的方法

在消极的方面——利用造成萧条的丰足的方法

有一些商人因为他们按我曾描写过的第三种方法活动,似乎对于流通事业很有用处。但是他们很少只限于使用这类方法,甚至在只限于使用这类方法的时候,他们还是陷入许多罪恶特点的深渊中,例如寄生现象、破产,以及表中所列举的其他特点,即允许欺骗的竞争,这种竞争可以使流通真正停滞,有时甚至等于禁止流通。我只从千百个证明中引用一个。我们可以看到俄国和中国商人的欺骗发展到他们竟会突然中止交易的程度,因为他们绝不把保证诚实放在心上。

"在恰克图和楚鲁哈图商店中,"莱纳尔[①]说,"俄国人把假皮毛交给中国人,中国人则把假银块交给俄国人(这就是商人和文明人!),双方互不信任发展到了使交易陷于衰落的程度,在一个期间内贸易的数额小得微不足道。"虽然需求绝对没有停止,而且政府当局不唯不妨碍商队,反而给予它种种的便利。

文明制度把最使人厌恶的特权——其中特别是伪造货币、囤积居奇和破产的特权——赋予商人,以报答他们对于流通的虚假的服务。这种服务如果详细地加以解剖,那只不过是造成复杂的停滞,或者积极和消极的障碍而已。

原则的缺乏是与这种后果的变化无常结合在一起的。经济学者们承认他们的科学没有确定的原则,而实际上这就是说没有任何原则——把完全的自由交给彻底堕落了的商人阶级,而对于商人们本来是应该加以管制,应该让他们承担十分严格的责任,并强制他们保证‖规规矩矩地‖履行这些责任。

这种保证要求政府对人为的停滞方法,例如囤积居奇等等加

---

① 莱纳尔(1713—1796年),法国历史学家和哲学家。——译者

以干预,此外还必须干预商业使它在大丰收之年收买过剩的粮食,因为那时粮食积存在农民手里并且价格惨跌,农民纵然有储藏粮食的仓库,但是没有交纳捐税的金钱。

如果商业服务上的保证不是复杂性的,如果不能预防农业上人为的停滞,也不能预防引起萧条的丰足,那么事情会闹到商业的运动依赖于断断续续的刺激力、冲动、意外现象及其他一切种类的极端手段来实现,如像我们在现代商业机构中所看见的那样,这种机构仅仅维持着断断续续的流通,既没有按阶段的有规则的调整,也没有平衡和保障。

人民敢于责备政府在金融方面滥用职权,却不敢去责备商业,就是这种无秩序状态的耐人寻味的后果。最好的证明是两个破产:罗伊银行券[①]的破产与国库券[②]的破产。这都不是突然而来的破产,因为人们老早就看到它们会发生破产的,只要实行部分的牺牲就可以防止自己受破产的损失。可是纵然有这些可以原谅的情节,社会舆论还是不给以任何的宽恕,它很正确地宣布罗伊的银行券和国库券是伪造的货币、武装的掠夺。

为什么舆论对于商人推行伪货币宽大为怀,而对于政府这样做时却不原谅呢?甚至于在政府采取了预防的措施,即用缓和贬值的办法使破产不至突然而来,使币券持有者有可能避免破产的时候,也还是不能原谅呢?商业票据持有者是没有这种避免破产的可能性的,破产像闪电一样地突然袭击他。凡是拥有

---

① 罗伊银行券是英国逃亡到法国的冒险投机家约翰·罗伊(1671—1729年)创办的银行所特许发行的银行券。——译者

② 国库券是法国1789年末以制宪议会的命令发行的流通券。——译者

三十万法郎睡觉的人,到第二天早晨一觉醒来,由于宣布破产就只剩下十万法郎了。国民公会曾仿效这种办法,把公债值减为三分之一,可是人们从来就没有停止过指责国民公会,说它的这种行为是地地道道的强盗行为。但人们却准许每一个商人有权进行更厉害得多的掠夺和允许他宣布破产时攫取三分之二,国民公会虽也曾骗取过三分之二的数目,但它自己并没有得到这笔钱。如果你试拿商业的罪行和其他的罪行,甚至是最丑恶的政治暴行,例如国民公会的暴行来比较,就可以知道商业的罪行是如何令人愤慨!

以下的详细论述可证明把商业交给不负任何责任的自由商人去经营的那种现代政策,是放狼进羊圈的政策,是煽动各种抢劫行为的政策。

对第十一个特点的辩解,或对商业所具有的按照自己意愿引起生产运动的停滞,同时引起称为信用破坏的普遍不信任的那种能力的辩解,是充分可以允许的辩解。在这方面商业是政治上带电的鳗鱼,它使触及它的手失去知觉,如果行政当局和经济当局敢于接触它的话,那么这两者也会陷于麻痹。这第十一个特点可以使拿破仑为之惊骇不已,并使他在商人们面前放下自己的骄傲态度。他暗中充满了对商业影响的愤恨,并热烈地希望使商业屈服。他本来可以用全世界的官僚主义的垄断或封建的垄断,即新时代的文明制度所急欲努力达到的第二十六个特点来实现这一愿望的,因为一切政府,虽不明白地表示自己的想法,但对于证券投机的巨大影响,以及对于突然攫取五千万财产这类事情总是心怀不满的。

任何一个政府都不敢公开提出这样的问题,即现代的商业制度是不是谬误的? 卑鄙的市侩和农业的吸血鬼阶级享受绝对的自由是不是合理的? 科学界认为应该给他们以自由,因为他们很知道怎样才适合于自己的利益,这样的科学学是不是犯了罪呢? 人们担心他们很知道自己的利益而很少知道国家和农业的利益,这种担心是否合适呢? 这些就是我们在分析四个特点——破产、证券投机、囤积居奇、寄生现象——所要考察的问题。

我应该预先指出这所大厦在它的基础上是有缺陷的,我们的制度在关于流通的基本原理和推动力的问题上以及关于流通所付托的代理人责任问题上是有错误的。我准备详细地来论证这个初步的概论,以便作出结论:我们应该离开这个迷宫,推翻 X 轴心即中介所有制和无限制的欺骗自由,或让两个过渡的措施见诸实施。

V——单一的垄断——单纯的和复杂的垄断,

Λ——单纯化的竞争。

第三章　种类不同的破产等级

当犯罪行为变得司空见惯时，人们就习惯于不动感情地来看待犯罪的行为了。在意大利和西班牙，人们异常冷淡地看着受雇佣的刺客以短剑刺杀预定的牺牲者后逍遥法外地遁入教堂的情形。在国民性格极端仇恨背叛行为的德国和法国，这样的凶手可能会引起极大的愤慨，甚至在法庭没有审判他以前，也许人民就会把他撕成碎块。

我们目击过流行于一个国家内，并引起邻近国家厌恶的其他犯罪行为是如何之多啊！在意大利我们可以看到父母们为了保持孩子们音色完美，竟将自己的孩子加以阉割，把他们弄成残废；宇宙之神的神职人员满心期望这些父亲贪欲的不幸的牺牲品来教堂里唱歌，从而鼓励了这种残忍的行为。此外还有引起其他一切文明国家人民震惊的各种卑鄙行为。

你同样可以在法国人、德国人、俄国人和英国人中发现一些激动意大利人或西班牙人心情的令人愤慨的习俗；英国人的习俗就是一个证明，他们拿一根绳子拴住自己妻子的脖子，把她牵到市场上去出售。此外，还有这个国家其他许多粗暴的习俗。这个国家的普通人民大众虽号称为文明人，实际上还不如蒙昧人，因为这个国家的人民本质上有鄙视和折磨外国人的习惯，而蒙昧人对待外国人，往往比伦敦的普通人和英国各地的居民对待外国人还要来得尊重些。

如果在文明制度下,习俗和见解在各个国家中竟是这样不相同,那么这些习俗和见解在不同的社会制度下又该是如何不一样呀! 并且在文明制度下可以忍受的恶行在比较完善的社会中是显得如何令人厌恶呀! 在距完善境地尚远的第六社会中(在保证制度下),对那些自称有完善制度,以及有自己的所有制理论和正义学说的强国,竟能忍受(哪怕是一刻工夫)像破产这类的肮脏行为,真是难于置信。

破产是前所未有的最巧妙的和最无耻的骗局,它保证每一个商人能从公众身上骗取相当于他们的财产和信用的一定数量的金钱,因此一个富人能够这样说,我从1808年起就开始做商人,到1810年的某一天止我希望以欺骗手段攫取不管属于谁的数百万现金。

让我们把现代生活的附带现象,如目的在于消除破产的新法兰西法典撇开不谈,因为在这种希望方面,人们之间意见绝不是一致的,并且已经出现了规避新法律的手段,我们就等待经验来解决这个问题(如果文明制度将延长到足够有时间来经历这样的考验),在这个期间内让我们来研讨众所周知的由哲学体系或原则所引起的掠夺行为吧! 这条原则说:"给商人们以充分的自由吧,无须向他们每一个人要求任何慎重的、诚实的和有支付能力的保证。"

由此可知,在其他各种舞弊行为中,破产掠夺比之于在大道上的抢劫更为可恶,但是人们对此已经习惯于这样的忍受,只要投机者掠夺一半,就承认这是诚实的破产。

让我们来进一步详细地描述这个在古代还很少有人知道的英雄行为。这种行为自那时以来已经有了光辉的发展,它给分析者提供了一系列发展的现象,而这些现象有助于我们成功地进入完善之境。

第四章 破产的上升翼

十二个形态:无罪的、可尊敬的、诱惑性的

如果你以教育家的身份大谈其反对通常的罪恶,即破产,那你将会受到非常腐败的非常自私自利的社会的嘲笑。你应该慎重地追随一般人所采取的态度并从有趣的方面来观察社会的各种罪行。所以我准备证明破产就是一种骗局,它比起它的庇护者和帮凶们所承认的还要可笑,这些人只把商人在破产中的掠夺行为看作是有趣的谈话资料而已。

在恶行中也如在善行中一样,一切都是相对的。甚至在强盗们中间也有他们自己一套正义和光荣的原理。所以,宣告破产者在自己的圈子内有公认的某种欺骗的原则和水平,这是用不着惊奇的。我在下面的区分中努力要说明的正是这点。依照一般惯用的通则,我拟把这种区分分为三组:

第一组——包含有轻快的引人入胜的色调

第二组——或各种庄严、崇高表现的中心点

第三组——不够显著的色调,平凡的形态

右翼或上升翼开始行进。

　　　　破产的等级　　第三十一个特点　　商业的罪行

由三个等级、九个种类、三十二个形态而构成的自由分类

右翼或上升翼	分类的中心	左翼或下降翼
十二种轻快的色调	十二种宏伟的色调	十二种卑鄙的色调
第一类　无罪的	第四类　战术家的	第七类　隐匿者的
1.幼稚的破产	13.富裕的破产	25.取偿于人的破产
2.自杀性的破产	14.世界主义的破产	26.出类拔萃的破产
3.不公开的破产	15.大有希望的破产	27.渐次增长的破产
4.死后的破产	16.高水平的破产	28.伪善者的破产
	17.渐进性的破产	
第二类　可尊敬的	第五类　机动家的	第八类　愚蠢者的
5.愚痴者的破产	18.集中连续性发射的破产	29.由于幻想的破产
6.富于幻想的破产	19.密集队形的破产	30.由于残废的破产
7.无原则的破产	20.纵深队形的破产	31.由于意气沮丧的破产
	21.散兵线的破产	32.蠢如猪猡的破产
第三类　诱惑性的	第六类　扰乱家的	第九类　伪伙伴的
8.友谊的破产	22.大规模作风的破产	33.骗子手的破产
9.漂亮的破产	23.下大赌注的破产	34.恶棍的破产
10.殷勤的破产	24.合乎阿齐拉精神的破产	35.盲目的破产
11.仁慈的破产		36.令人发笑的破产
12多情善感的破产		

注:在这个表中没有包含国民的破产,这形成特殊的一类,应载入更完整的表中。

第一类——无罪的破产——四个形态

一、幼稚的破产是年轻人所干的破产——他初出茅庐,轻举妄动,没有准备好策略便来实现这种冒险的企图。公证人很容易调解这件事情，他把这件事情说成是年轻人的狂妄行为，并说："他年纪很轻，你不能不酌量情况来处理。"丑事变成了公众的娱乐，因为年轻人的破产始终与有趣的事件分不开的：例如，受骗的高利贷者，被愚弄的阿巴贡①，等等。

这种形态的破产者会冒险地干出许多欺骗的行为，例如：运走商品，丑态百出的告贷，偷窃双亲、朋友、邻人的财物；所有这些行为都被他的一个幕后的助手用种种理由来洗刷得一干二净。这个助手向怒气冲天的债权人说："你想怎么样，这是一个不懂事的孩子，应该多少原谅一下年轻人，他将来会逐渐学好的。"

这些幼稚的破产者背后得到很大的支援，——那就是嘲笑。在商业中人们把嘲笑看成家常便饭，人们批评欺骗者，可是更想嘲笑被欺骗者，当宣布自己破产的债务人能使爱嘲笑的人站到自己一边来的时候，他就相信很快会迫使大多数债主接受他的条件，并且马上达成协议。

二、自杀性的破产——这是一些初试身手的或者赢双倍或者输双倍的赌徒们的破产，他一意孤行，轻率地计划干大事业②和从事无任何意义的投机，花费巨金，把自己打扮成巨商大贾，只是为了立刻得到旁人利用某些暗中牺牲者来为自己保留的临时贷款。这些不顾一切的人，一次下水以后，就接二连三地干些蠢事出来，最后往往是以逃之夭夭了事。事情被人们解释为笨手笨脚，而且很容易调解，因为和前者一样，这也是提供好笑料。

---

① 阿巴贡是莫里哀的喜剧《悭吝人》中的主人公。——译者
② "Заваривать"是商人的行话，意味着计划大事业时不加任何考虑和深思熟虑。——俄译者

这些不顾一切的人物在法国到处都有，他们被称为投机者。他们最可靠的赌博方法是加速最后终局的到来，务求破产发生的时候，正是人们都认为他们的事业刚刚开始、每一个人都相信他们的第一桩事业、同时说："他在第一年是不会失败的"时候。

三、不公开的或暗中的破产——这是陷入困境的债务人建议达成一个小小协议——打折扣百分之二十五或把商品加价百分之二十五——时的一种破产。调停人向债主们解释说，这样做是最有利的，因为要对债务人施加压力，那就要迫使他宣告破产，其结果债权人至少也要损失百分之五十。

在商业中人们十分坚持这类比较的计算法。有很多骗子盗取了你的百分之三十的金钱时，还向你证明你占了很多便宜，因为他们没有抢去你的百分之五十。另外一些骗子向你反复地说，他们损失很大，因为本来应该要从你身上赚百分之六十的，但是只赚了百分之四十。这种计算的方式看来很可笑，但在商业中是完全被允许的，它在暗暗的破产中获得了完全的成功。人们还指出这百分之二十五小折扣比之于由破产所产生的百分之五十的损失来，那显然是一笔百分之二十五的纯利润。被这种议论所动摇的债权人只好在这种小小协定上签字。于是这个本有四千法郎的债主现在只收到三千法郎了，而这还不叫作破产。

四、死后的破产是在某一个人死后宣告的破产——它成了对于死者的一种袒护，人们说这个死者曾满心希望恢复自己的事业，假如他不死的话，他无疑会光荣地做到这一点的。因此，人们称赞他的卓越的品格，表示对于可怜孤儿们的同情。难道债主们愿意再打扰啼哭不休的未亡人吗？如果这个未亡人是一个美貌女子，那么这种打扰更是一种残酷的行为！实际上这个未亡人得到了一些信任者的帮助，在财产被查封以前已提走了极大的一部分。把一切毛病都推到死者的身上，说什么他没有时间来把事业安排好，而且他也不能死而复生来揭穿这种谎言。如果他有百分之二十五的亏空，那么人们很容易把它抬高到百分之五十，这件事情只要举手之劳就可以办到，因为当大家承认百分之五十是诚实的时候，特别是当责任已推到非常可尊敬的死者身上而损伤死者名誉被认为背乎常情的时候，只宣告百分之二十五的破产，那才是愚不可及。

第二类——可尊敬的破产——三个形态

已经说明的四个形态是虚构的无罪的形态，现在让我们来看一看确实无罪的形态。应该在准确的定义下认清一切变种。如果因为十分之九的破产的债务人都是骗子，就痛斥所有破产的债务人，那是不正确的。我准备提出三个实际上应加以原谅的种类。在我们当中还有许多有罪的人，对他们是需要加以注意的；让我们在自从复兴①以来人数已变得很多的那一伙人中找出一些正直的人来。这些人的数目如此之多，以致在一些城市中人们已不问谁破了产，而只问谁没有破产。

五、愚痴者的破产——这是不幸者的破产，他不窃取一个奥波尔，而把自己的所有财产全部交给债权人，并且毫无欺骗地任凭债权人处置。其他的破产者在嘲笑他，把他称之为若克里斯②，认

---

① 傅立叶在这里指的是 1789 年法国资产阶级革命。——译者
② 若克里斯是法国民间戏剧中的人物，是大傻瓜和蠢材。——译者

为这个人至少应该把储存的钱隐藏起来。实际上，这样正直的人与臻于完善境地的现代是格格不入的。

六、富于幻想的破产——这是完全陷入悲观失望的人的破产，他认为自己受了侮辱，有时竟至于自杀或投水。这是说他已完全失去随机应变的能力，因为他是十九世纪的正直的人物，尤其更糟糕的是在商业方面的正直人物。

无论如何我要愉快地说，在商业方面也还有这样的人物，不过是凤毛麟角。

在广阔的深海内游泳的人，鲜有不灭顶的(rari nantes in gurgite vasto)①。

每一个人都容易预言这类人物的命运，因为大家知道十个从事于商业的骗子，有九个会发财，而十个正直人中，有九个会破产。

七、无原则的破产——这是头脑简单的人的破产，他仿效那些善于有体面地并且有利地摆脱这样困境的市侩，而让司法机关来干预，并忍受使自己受辱、使自己失去一切财产的法庭判决。

这三种忠诚的斗士——第五、第六和第七——与其高贵的同行们是格格不入的，所以我只略为提一下他们而已。现在让我们来分析那些博得称赞的名手吧！

第三类——诱惑性的破产——五个形态

既然有其他许多不道德的阶级存在，为什么不会出现诱惑性

---

① 引自维吉尔的名诗《埃涅阿斯记》。

第四章 破产的上升翼

的破产者呢？我们现在对善于诱惑人,并善于争取一切人的同情的那一批破产者来作一番概述。

八、友谊的或节约的破产——这是这样一种人的破产,他只希望自己的债权人好,如果使他们吃亏就觉得难过,因此他坚决主张要他们同意打百分之五十的折扣,以便避免会吞没一切的司法机关的干预。他给债权人一种印象,仿佛他对他们像朋友一样,他非常尊重他们的利益。他很感谢他们向他所表示的好意,因此他唯恐使他们再负担诉讼费。他利用这样的话语或那样的阴谋诡计引诱对方,而对方也怕司法机关吞噬一切,因而做了让步。

九、漂亮的破产——这是一种常常在上流社会中遇见的人的破产,他们到最后一刻为止还能够保住自己家庭的体面。因为他们完全是规规矩矩的人,所以有一大群的保护者,如果他们为自己攫取的钱财不超过百分之六十时,那是很容易达成协议的,而特别是如果太太和小姐们善于扮演恳求者的角色,再运用桑奇士的办法,即当她们去接洽重要事务的时候,披着镶花边的很透明的披肩前往,那就更容易达成协议。

十、殷勤的破产——这是美貌女子所干的破产:她对这件事情会不顾体面地向人诉苦,性别会引起别人的注意。一个美貌的女商人窃取了你的一千埃奇,如果你因此而使她苦恼不安,那是你不懂礼貌;她有权利讽刺头脑顽固的人。我曾听到这样一个太太谈到一个债权人,她说:"这个万恶的东西!据说他还不高兴。嘿!我劝他为了自己的五十个金路易哭一场吧,其实我应该诈取他一百个金币。"他和这个太太曾有一段相当亲热的关系,因此她有权利称他为忘恩负义的人。

十一、仁慈的破产——这显然是使债权人占便宜的一种破产；为什么能做到这一点呢？因为在这种场合下，宣告自己破产的债务人只稍微窃取百分之四十，对其余的数目则提供了非常确实的保证。这被认为是非常侥幸的结局，以至于公证人都向聚在一起的债权人们祝贺，并因为漂亮的行动——真正的仁慈而向他们庆贺。在一万法郎中只损失了四千，而收回六千——这是一大好事。不习惯于商业的人不会认清这种仁慈的性质，他希望完全收回自己的一万法郎，并且认为他被盗窃了四千法郎。当这个人给你归还了百分之六十，在其他方面对待你像对待朋友一样的时候，却硬说他盗窃了你的财产，这是怎样不漂亮的态度啊！

十二、多情善感的破产——这是众所周知的一种破产，即某一个宣布自己破产的债务人向你说一些动人心弦的话，表明自己的心迹和好意，如果债权人不立刻让步和不认为自己幸运，反而责成这些如此热爱一些债主钱财的老实人还债，那么这个债权人就成为野蛮人了。所以债权人也报之以绝妙的理由，以及常常令人乐于接受的称赞：他以同情的态度对待债务人，在谈话中只谈到债权人和债务人的美德；在谈话分手以后，你觉得自己很畅快，并且承认自己受了说不尽的好处，这些好处完全可以抵偿被夺去的金钱的数额。如果他丢了数千法郎，却做了更多的善行，这些善行被认为是给予优秀人物的纯利润。

这类骗子中的一个向我这样说："我对于这些先生们非常抱歉，因为他们都是规规矩矩的人，我异常尊敬他们。"为了证明自己对于他们的尊敬，这个骗子在初次营业中利用票据劫掠了他们一万法郎，这是对新来者的第一笔买卖和欢迎。为了与他们认识，他抽了这笔数目,但在一个月后,他宣布自己破产了。对于这些先生们来说是多么有诱惑性呀——以一万法郎换取了对他的尊敬!

我履行我答应搜集引人入胜的材料的那一诺言。在这里,在属于这种真正殷勤一类的一切破产者那里,你只能发现友爱、好意、高尚的情操和细腻的感情。如果这一类破产是为了猎取人心而创立的话,那么另外几类破产就会激起人们的欢慰,并应该在这个基础上列入那个包括有光辉的热情、高尚的品格和戴勋章的要人的系列的中心。

第五章 分类的中心

十二个形态：战术家的、机动家的、扰乱家的破产

我们现在来研究商业天才的伟大成就，研究标志着本世纪在走向复兴和完善状态的道路上的无限成功的大规模活动。这儿宣告破产具有完备的业务知识，它按照毫无拘束的计划行事，对于这些计划的叙述将证明：让商人们自由行动，给予他们的欺骗和掠夺的崇高计划以充分自由的那一条原则，是异常英明的。

第四类——战术家的破产——五个形态

十三、富裕的破产——这是具有商业天才的高级类型的投机者的破产。

银行家杜兰是一个有二百万法郎财产的人，他希望不择手段地很快弄到四百万至五百万法郎。由于他的巨大财富，他以票据、商品及其他形式获得达八百万法郎的信贷，那时他能利用一千万的基金来投机取巧。于是他就着手进行高级的投机活动，即操纵商品和政府的有价证券。也许到了年底不是他所有的二百万翻一番，而是损失了二百万；你会认为他已经破产了，——一点也不对，因为他会得到四百万，恰如他获得成功一样，因为在他手里有他以信贷形式预先取得的八百万，并可以借助于诚实的破产的办法，把

第五章 分类的中心

那些债务的半数分别在数年内偿还。这样一来,他损失了自己的祖先遗产二百万,同时却变成了由公众那里盗窃来的四百万财产的所有者。这是商业自由的杰作!你现在大概可以明白,为什么每天都可听到关于某大商人自从破产以后竟觉得逍遥自在的传闻了。

破产者的另一种可能是:杜兰在他暗中盗窃了四百万法郎以后还完全保持着荣誉和社会的尊敬——他不是一个幸运的骗子,而是一个失败的商人。让我们来说明这点吧。

杜兰预先考虑到自己的破产,所以竭力争取舆论;他在城内和郊区举行的宴会为他争取到了很多热烈的拥护者;漂亮的青年们支持他,美貌的女子们也为了他的不幸(现在不幸这两个字等于破产)而表示惋惜,他们竭力称赞他的高贵品格,说他应该享受更好的命运。听这些拥护者的言谈,好像他比被他窃去了财富的那些人还要不幸些。一切的罪过都归之于政治事件、倒霉的环境和其他口实,也就是善于制止愤怒的债权人们向债务人进攻的那种公证人所常用的口实。在第一个回合之后,杜兰就派出了一批调停人和善于说转弯话的人散布烟幕,社会舆论也就很快地上了他的当,以至那些反对杜兰的人反被人骂为吸血鬼。加之,那些被杜兰盗窃了巨量金额的人又远处在一两百法里外的汉堡或阿姆斯特丹,他们随着时间的消逝也心灰意懒,反正他们遥远的呼声对巴黎的舆论也不会发生任何影响。此外,杜兰只吞没了一半,照普通的常情,吞没一半的人与其说他有罪,毋宁说他不幸;这样,从一开始杜兰在社会舆论的眼光中就是一个清白无辜的人。再过一个月,社会舆论又为别的一些使人遭到三分之二或四分之三的损失而引起更强烈反应的破产事件所吸引住了。于是杜兰得到了新的荣誉,因为他只盗窃了一半,而且事过境迁,早被人忘得一干二净了。杜兰的家又渐渐接待公众,他的名厨又重新控制人们的理智,并迫使那些完全不把破产当作不幸、也不表现出上流社会应有的那种温雅态度的气量狭窄的债权人哑口无言。

这样,事情用不着半年就结束了,而杜兰同像他一类的人借助于这种手段就从公众身上盗窃了数百万金钱,使许多家庭破落,而自己却成了那些家庭的资产的保管者,并使诚实的商人也陷入与骗子们相似的破产。破产是唯一的社会犯罪行为,它像瘟疫一样地蔓延开,并把诚实的人拖入了像骗子一样的耻辱地位。遭受过二十个骗子破产之害的诚实商人,最后也不得不像骗子一样宣告自己破产。

由此可得出结论,破产的骗子们其中有十分之九都把自己装扮成好像突然遇到不幸的老实人,他们一致地嚎啕痛哭地说:应该多可怜我,少责备我。听他们的说话,好像他们都是些无名的圣人,正如苦役犯人硬说他们没有干过任何坏事一样。

根据这样的理由,主张商业有无限自由的人们开始批评强制性的法律,批评法院。不错!法院是反对那些一举手一投足间便盗窃数百万金钱的人们的!

十四、世界主义的破产——这是商业智慧与哲学智慧结成同盟后所干出的破产。破产人的确是世界性的公民,他利用一个国家为据点,准备依次在别的几个国家内搞破产的勾当。这是一种可靠的投机事业。他们往往都是些无名小卒,在必要的时候,他们可以按照犹太人的做法来改名换姓,他们利用在第一次破产中所蓄积起来的资金,很快就可以获得巨额的信贷。这种最新政策的有趣想法,就是把产品的全盘管理责任托付给这样的一批人,即他们在国内没有大地产可依恋,因而与国家没有牢固的关系,他们像世界主义者一样,可以利用在巴黎、伦敦、汉堡、的里雅斯特、那不勒斯和加的斯所依次制造出来的半打破产事件来进行投机。我将在叙述连续性发射的那个形态时来描写这种破产,在那个形态里,世界主义者是运用手腕的中心人物。

十五、大有希望的破产,这是从刚过去半世纪的复兴时期起才出现的一种破产。以前,年轻人不能很早就进入商业界,人们没有看到他们在三十岁以前居过领导地位。可是现在十八岁的年轻人就管理商店,二十岁时就已经制造第一次的破产,使他们抱有希望连续制造破产。在他们当中发现有到三十岁时已经制造过三次破产,而且不止一次地侵吞委托人数十万埃奇的人。人们看到这些人时说:"他年纪很轻,不配享受这样的光荣!"但这是年轻人的时代。

十六、高水平的破产需要有大规模的计划,无止境扩展的业务,有三十个或四十个职员的公事房,许许多多的巨大船舶,需要与世界各国都有广泛的联系,然后需要突然的倒闭和可怕的崩溃,崩溃的影响达到全国的四面八方,而且留下难以解决的混乱,从这个混乱中聪明能干的人们就能在十年中取得非法利益。这是买卖人的习气发展到登峰造极的行动。这种行动至少要使四分之三的人们受到损害,因为在这样巨大的场面中必须对各方面都考虑周到。

十七、渐进的破产——这是投机者所干的破产,他很机智地布置行动,能够造成七八次连续的破产。在这种情况下,他所走的道路,是与那种只计划一两次破产的人所走的路不一样。主要的情况是这样的:

1. 初次只是适度地掠取,达到百分之五十就行了。不应该一开始就把人吓跑,如果在试探性的冲击中由于掠夺过多而使自己丧失信用,那么第二次的破产就将不易实现。

2. 第二次掠取很少,既不超过百分之三十,以便证明已宣布的破产有了进展,他的行动已经比较慎重些了,并且证明他由这第二次的打击中恢复过来后,将成为尽善尽美的商人和商业界中值得尊敬的朋友。

3. 第三次大量掠取,至少掠取百分之八十,借口亏空太大,而且是由不幸事件所引起的不同寻常的亏空;于是利用一些紧急的情况进行掠取,拿第二次破产时的稳健态度作为幌子,企图证明一切的罪过都是由外界的事件所引起的。

4. 第四次只掠取百分之五十,以便证明他是很慎重的人,当他不是为环境所迫,本来是会适可而止的。

5. 第五次破产可能达到百分之六十,因为公众对破产已经习惯了,当他们已经预料有这件事发生时,多百分之十或少百分之十,那是无碍于事的;人们知道干了第四次破产的人将会干第五次、第六次。我曾遇见过这样一个人,在他第四次破产后,人们开玩笑地谈到他,说他戴了象征虔诚和善行的天主教神甫的帽子;但他并不害臊,而且尽力制造了第五次破产。

至于说到第六、第七,那就凭他个人的高兴(ad libitum)了。不过他们制造这类破产,只是在中年的时代或在他们想安于小成、

第五章 分类的中心

不求再进的时候。人们最容易原谅第六次破产,因为习惯已经养成,谁也不觉得大惊小怪了。可是人们却埋怨政府,说政府不想保护商业,政府是使诚实的商人受到这些小小损失的根源。

我这里提出几个适用于破产的基本论点,请人们不用惊奇:破产是一种完全崭新的艺术,也像产生破产的经济主义一样,还没有坚定不移的原则,甚至没有系统的专门术语。因此在排列破产的等级上只能给最初四个等级以名称:

完成了第一次破产时名之为普通的骑士

完成了第二次破产时名之为王子

完成了第三次破产时名之为王

完成了第四次破产时名之为皇帝

这些名称流行于具有这种艺术的人们中间,因为他们互相是这样称呼的:你看,某人已经升到高级阶段,变成了皇帝。这就是说他刚刚完成了第四次的破产。对第五、第六和第七级的破产还没有适当的名称,一个商业界真正的朋友应该走完全程,上升到第七音阶。为了做一个旋律齐鸣的破产者,他应该完成七次诚实宣布的破产,使人平均吃亏百分之五十;之后,就是被称为中心的或加强的破产了,这一次的破产至少要掠夺百分之八十,作为以前各次适度掠夺的补偿,因为那几次掠夺只限于百分之五十的诚实的定率,只限于问心无愧的收入,人们没有权利来批评这种收入,因为这是宣布破产时为人们所接受的定率,也好像买点心或乘旅行马车有公定的价格一样。

第五类——机动家的破产——四个形态

在这一篇中我们研究一些大规模的行动,这种行动是要求为了商业的福利和崇高真理的胜利而协作的几个破产者的互相配合。这些集体的机动手腕表现为四个杰出的形态。

十八、连续性地发射的破产——平常这种破产是由反击引起的,即由那些一个接着一个的破产的交织引起的。我准备用温和的资产阶级的作风来描述这种破产中的一个,这样可以使读者大众易于了解。我们把前面未曾阐述过的这类世界主义者演员中的一个拉上舞台来看他如何表演。这个世界主义者以采取连续性发射的手腕为主要动力。

犹太人伊斯加里约带着十万利维尔的资本来到法国,这些钱是他在第一次破产中赚来的。他在城内经营商业,在那儿他遇到了六个受人信任和尊敬的竞争者。为了抢夺他们的光荣,伊斯加里约就开始用按血本的价格出卖自己的一切商品,这自然是最可靠的吸引大众的方法。不久,伊斯加里约的竞争者发出哀鸣,但他对他们的诉苦只置诸一笑,并且继续采用最周到的方法按血本出卖商品。

那时公众歌颂这一奇迹:竞争万岁!犹太人、哲学和博爱万岁!从伊斯加里约来到以后,一切商品都跌了价,公众向竞争的商人们说:"先生,你们才是真正的犹太人,你们想过多地赚钱;只有伊斯加里约一人才是诚实人,他对极有限的一点利润就感到心满意足,因为他没有像你们那样的排场。"原来的老商人们想使公众

第五章 分类的中心

明白伊斯加里约是个戴假面具的骗子,他迟早总会闹出破产来,但是白费气力;公众责骂他们嫉妒和诽谤他,而越来越接近这个以色列人的儿子。

这个骗子的打算是这样的:按成本出卖,他只损失自己资本的利息,假定一年为一万利维尔;但是他为自己夺来了巨大的销售市场,他在各个通商口岸为自己赢得了大主顾的美名,并且只在他准时偿付的条件下得到了巨额的信贷。这个阴谋诡计延长了两年,在这个期间内他分文不赚,始终是大宗出售商品。他的阴谋手腕丝毫不曾泄露出来,因为犹太人所使用的伙计都是犹太人,这些人是所有国家的暗藏的敌人,他们是从来不会暴露他们中任何一个人所策划的欺骗勾当的。

当进入终局的一切已经准备就绪的时候,伊斯加里约利用他的全部信用在各通商口岸发出了大批的订货单——赊购了总数达五十万至六十万利维尔的货物。他把这些商品运到各国去,把他仓库中的所有存货都廉价出卖。最后,当一切商品都已变成现金以后,诚实的伊斯加里约就带着他的钱夹子隐藏起来,并且回到他把自己赊购的商品运到那里去的德国了。他迅速卖完商品,因此当他离开法国时已比他到法国时富裕了三倍,他已有四十万利维尔了,他又出发到里窝那和伦敦去,准备进行第三次破产。

正是这个时候帷幕在伊斯加里约所玩过把戏的城里降下来了,人们重新恢复了理智。人们知道了允许犹太人经商是危险的,无论如何不能跟流浪人打交道。但这个伊斯加里约的破产,不过是讽刺剧的第一幕而已;我们还要看一看后果,注意这个连续发射的战术。

假定有六个商家是这个以色列人的竞争者,我们把他们称之为 A、B、C、D、E、F。

A 早已就陷入困难的处境,他已经没有财产,只靠好声名来支撑;但是自从伊斯加里约到来夺去了他的一切顾客以后,他只能够挣扎一年,自此以后,他意志沮丧。A 对于这种庇护流浪人的新哲学体系一无所知,眼看自己只有在伊斯加里约的战术面前低头,因而陷入破产。

B 忍受打击的时间较长,他老早就预见到了伊斯加里约的欺骗行径,他等待这场风暴过去以后,再来恢复被这个以色列骗子所夺走的顾客们。但是在这个期间内,B 受到了由外界而来的大破产的影响;这足以加速他的崩溃;他估计自己可以支持两年,但在过了十五个月后,就被迫宣告破产。

C 是和一家外国商行合伙的,而这家商行被另一个伊斯加里约弄得破产(因为他们在各城市里经营商业);C 为自己伙友的破产所牵连。他在为了支持同犹太强盗的竞争而忍受了十八个月的牺牲后,终于被迫陷入破产。

D 表面上看来老实,但实际并不老实。他虽然由于犹太人的竞争已经吃了二十个月的苦头,但仍然拥有足以支持下去的资金;可是,他痛恨自己遭受的损失,于是就向每日在他周围出现的罪恶低头。他看见他的同行中三个都开辟了自己的道路,那么,他将是第四个在虚构的或实际的不幸的口实下加入到他们的行列中。因此,对二十个月来反对伊斯加里约的斗争感到厌倦了的 D,认为除了破产外别无其他良策。

E 曾向四个刚在不久前宣布破产的同行贷出巨款。他认为他

第五章 分类的中心

们都有支付能力,而实际上他们在没有被伊斯加里约弄垮事业以前是有支付能力的。E 由于这四家商行的宣告破产而陷入绝境;此外,他已经再没有顾客了,因为一切顾客都跑到按成本出卖商品的伊斯加里约那里去了。E 看到他的资金告尽,信用已毁;人们正在逼迫他,他已再没有能力偿清债务,只好以破产收场。

F 并不感觉资金缺乏,但由于上述五个商家宣告破产,使其在各通商口岸丧失了信用;五个破产者的榜样使人怀疑到 F 不久也要仿效他的同行。加之其中有几个商家撕毁协议。他们为了能按自己合同的最初期限还款,大家都在削价抛售商品。由于他们希望急于销脱商品,所以都损失了十分之一,但因他们原来准备损失一半,所以他们至少还赚回十分之四。F 在这些情况的压迫下,也只好仿效同行走入破产之途。

这便是来了一个流浪人即一个犹太人就足以完全摧毁一个大城市的商人团体,并把最诚实的人们引上犯罪道路的情形;因为一切的破产或多或少总是犯罪的,不管是用什么动听的口实,就像用我所描述的那六种破产的口实来加以掩饰,但所有这些口实都是和真相毫无共同之处。真正的动机在于大家都非常狡诈地抓住实现不受处罚的盗窃行为的好机会。

有时连续性发射会被弹回,或者在达到远方后会引起反冲,并且会一下牵连各个国家中一打的商行。这些商行有共同的利害关系,一个主要商行的破产,会引起其他一切有共同利害关系的商行破产,正好像竖立的牌一张挨一张地倒下去一样。这是在一些大机动中间值得注意的广泛的配合:如果要更确切地加以分类,那么这种由远方的弹回无论如何都应该构成一种特殊的形态。

十九、密集队形的破产需要那种可以借此辩明自己无罪并引起大多数商人都作这一跳跃的有利环境。在这种情况下，他们相互支持，以多取胜，就像一个团队一样，为了以白刃战来突破重围并为自己开辟道路，就需要形成密集的队形一样。破产者们也是如此，当好机会到来时，就集合队伍，每天在交易所中宣布一部分队伍破产和迅雷不及掩耳地制造出接连不断的破产来，使舆论迷失方向，并使人们因为注意到事态的严重而易于达成协议。在伦敦，这种密集队形的破产几乎是定期地出现。巴黎也不示弱，1800年曾对这种破产做了一次很好的实验，很多商界的朋友在实验中都获得了非常幸运的成功。

二十、纵深队形的破产——这是宣告彼此有关系的一连串的破产，但是这些破产的爆发是有间隔性的，大概每隔三个月爆发一次。纵深队形与每天都在宣告破产的密集队形不同，纵深队形需要共同商定，以便按顺序地宣告破产，而且只是在同行刚刚达成了协议的那个时间才宣告破产。例如 A 在三个月期间中达成了关于自己问题的协议，那么 B 就应立即宣告自己破产，因为调停人认为舆论在说"这和 A 是同样的事，有其一必有其二，必须作出同样的协议"的时候，是怀有同情心的。C 在经过三个月后也同样宣告破产，然后依次轮到 D、E、F、G；如果他们的行动能很好地配合，能够保持距离，并善于利用一定的间隔，那么他们全体就可达成一致的协议。如果指挥得当，那么纵深队形就是一种可靠的机动手腕。但这不是在任何状况下都可适用的，只有破产的天才才能决定应该使用这种手腕的时机。

二十一、散兵线的破产主要是由一些小骗子组成的一种破产，他们在大战斗开始以前,到处在自己的小商业中实行小破产。人们由此可以推断各种事业将面临困难的境地和战役将趋白热化。实际上,过了不久,就听到重炮的轰隆声,就爆发了长久引人注意的几百万的破产事件。在这一战斗之后,运动就以后卫军的散兵线,即以造成向闭幕式跃进的一些受小城市商人们欺骗的小破产者而告结束。

第六类——扰乱家的破产——三种形态

怎么,这不是够糟糕吗?你还能给我们举出比这一连串叙述的情形更坏的例子来吗?

我仅仅提出了最诚实的人们来。在一切分类中必须把动人的传奇式的形态放在上升翼中,把强有力的高贵的形态放在正中,而把在品格和魔力上是低级的形态放在下降翼中。

既然我们说到下降翼,那么在这里我们就可以列举一些按远大计划活动的、忽视道德上的方式和损害最高社团的声誉的破产者。

二十二、大规模作风的破产——这种破产普及社会的一切阶级,牵连一切人,直到把自己仅有的一点储蓄交给他们所信任的骗子的那些家庭佣人等类的小人物。破产很快地就夺去了千百万个土地所有者、小资产者和善良的人们的资财。整个城市都被牵连到这一事件之中。一般说来这类破产对于非商人的打击特别大,伤害同业公会的地方特别多,在人民中和在资产阶级圈子中引起对于诚实的商界朋友说来并不愉快的看法。

二十三、下大赌注的破产——这是某种行动诡谲的骗子所干的破产，他既没有资金，又没有投身大事业的信用，可是他制造了像地位崇高、实力雄厚的银行家们所制造的那样巨大的破产。每一个人反问自己，这样一个粗鄙的小伙子怎么能建立起这么多的关系，并且能够制造出这样有油水的破产呢？

这种人物与前一种人物完全不同，但他通过不同的道路达到了同一的目的。我们应该唤起舆论来反对商人们的阴谋诡计，反对给他们以完全自由来干这类肮脏事情的愚蠢的法律。

二十四、合乎阿齐拉精神的破产①，这是把银行家们的光荣捧上云霄，并像汪达尔人的军队在那里经过那样蹂躏着一个国家的一种破产。我们可以引证属于这一类中的一个鼎鼎大名的破产，这是在1810年前后一个名叫"T"的人在俄勒昂所制造的破产。他宣布破产一千六百万，而这个数目又是如此均匀地由整个倒霉的俄勒昂城分摊，以致使这个城市陷入极端混乱的状态。破坏深入到了公民的一切阶层。难民们带到里昂来的消息说："俄勒昂完蛋了，我们所有的人都破产了，T把一切都括光了。"根据详细的报告，他实现自己计划的方法是狡猾地引诱各个阶级并掠夺它们，由富裕的资本家开始直到贫穷的家庭佣人为止都不放过。这些佣人终生只储蓄得几个银币，拿了去交给骗子商人保管，而后者在"让商人们去活动吧！他们是充分知道什么是自己的利益"这条冠冕堂皇的原则下掠夺了他们的钱财。

---

① 阿齐拉是五世纪时匈奴联盟的领袖，以其掠夺性的远征出名，凡是他的军团所到的国家都变为一片毁墟。——译者

第五章 分类的中心

如果说拿破仑把上议院议员的年俸随便授予证券投机家的上层分子,现在看来是不足为奇的。他知道必须在破坏方面尊重自己的同行们,因为一个证券投机家当他按正规方法行事的时候,他所破坏的程度并不亚于一个军团。所以,正是证券投机家才能造成1812年有名的饥荒事件,以后,又推翻了拿破仑,假如没有这次饥荒事件的发生,那么说不定拿破仑现在还是世界的统治者。因为如果没有这次人为的饥荒,毫无疑问,他就可以迫使俄国投降,而这次饥荒使战役的开始迟延了六天,从而促使土耳其人和俄国人得以缔结和约,这就注定了法国人远征的失败。

我叙述了右翼和中心,现在还剩下一翼需要加以评述。

请看,这是什么样的一些掠夺行为啊!请看,只在一个部门的商业丰功伟绩中就有如此多种多样的犯罪行为!我说只在一个部门,因为破产只是这种欺骗的商业三十一个特点中的一个,而科学在商人们充分知道什么是自己的利益的口实下曾要求给这种欺骗的商业以完全的自由;因此我觉得应该提出商人们太过于知道自己的利益而太不知道国家和经济部门的利益的问题来。如果后一句话是对的,那么就应该说科学向我们鼓吹给予商人绝对自由,毋宁是在愚弄我们。

第六章　下降翼

十二个形态：隐匿者、无望者和伪伙伴的破产

让我们由对辉煌的丰功伟绩的叙述转入到对一些较小的成就的叙述吧。破产不是像中心的三个种类一样都是辉煌的，但是在左翼中我们也还可搜集到精彩的一组，其中包含着一些不是那么锋芒毕露的银行家们。这些人的比较庸俗的市侩善行和缺点使我们在这样丰功伟绩的光辉面前暂时松一口气（关于这些丰功伟绩我本应该列入分类的中心点内），现在我们又发现另外一些步兵队，这些步兵队能使读者心旷神怡，特别是损害银行家团体的声誉的伪伙伴步兵队更是如此。让我们从重大的事例开始吧。

第七类——隐匿的骗子们——四个形态

二十五、取偿于人的破产——计划这种破产的目的，在于不择任何失败手段来补偿自己的损失。假如由于诉讼的损失，夺去了投机者的十万法郎，这个投机者第二天就宣告破产，可是由此为他带来了二十万的收入。这样，他不仅在诉讼中没有损失，而且赚进了加倍的钱。这是商业绝妙的特性，它能够用制造事件来补偿自己的损失，有办法利用任何的灾难为自己谋利益。一个船主遭遇了沉船的灾难，第二天一个称心如意的破产给他带来了利益。

宣告这一类的破产不会遇到反对，因为公证人说："这不是他的过错，是事件逼使他如此，我们应该多怜惜他，少责备他。"

对此，一个自己的存款被掠去的农民反驳说："假定遇着冰雹、洪水等夺去了我的收获时，我哪里去找补偿呢？我不能靠牺牲旁人来补偿自己的损失。"这真是一个奇怪的论据！难道农民们不应该知道他们在现社会制度下是一个依赖不事生产的人们，即依赖名为商人的一个阶级吗？这些商人把魔爪伸到产品中以后，便牺牲大众来犒劳自己，他们好像雇佣的军队一样，在再找不到敌人供自己掠夺时，便掠夺自己的朋友和善良的人们。商人就是这样，他是颇有办法的真正哥萨克人。他的座右铭是："我不是为荣誉而劳动，我必须搜刮一点东西。"每一个商人都想搜刮（这个词在商人的用语中是捞一把的意思），假如人们要想借助于诉讼或其他办法从他身上搜刮一点东西的话，那他就有一条完全准备好了的出路，这就是利用破产来搜刮旁人以取得补偿。

二十六、出类拔萃的破产——这是聪明人的破产，他预见到一切可能性，并拿出一部分钱来应付风暴和说服固执的人：如果他只想在破产中赚二十万法郎，那么他就掠夺三十万，拿出其中的三分之一来作有利于自己的分配：表示谢意和送礼。他能迫使叫得最厉害的人物沉默下来并能使司法机关瘫痪；他到处奔走，使他的事情办理得天衣无缝。这个破产结果为他创造了很多朋友，这些吃了甜头的朋友都说他是一个规规矩矩的人物，在事业方面是个行家。

二十七、渐次增长的破产——这种破产是把滑稽戏分作音调愈来愈强的几幕来表演。最初把破产作为一件稍感窘困的事，即意外的挫折提出来,因而要求打百分之三十的折扣,以免破产。忧心忡忡的债权人们因为听说事情可能变得更糟,现在维持这种局面还比较容易,所以就一声不响地同意这个折扣。但是经过三个月以后,债务人又重新玩起花招来了,他又去找债权人,说已面临新的破产的危险,认为局势的严重性比预想的更坏,所以最好是同意打百分之五十的折扣。有一些债权人很固执,事情就弄得更为混乱,于是就使破产在更加有利的条件下宣布了,即不是损失百分之五十,而是损失百分之八十或百分之九十,并且余款还必须分数年归还。协定所以这样容易达成,乃是因为债权人被人巧妙地牵着鼻子走,并且逐渐地习惯了最初是百分之三十,其次是百分之五十,最后是百分之七十的损失,他们被消耗战所征服,就只好签字承认,同时不再去提据说只应该损失百分之三十的这件可恶的事情了。这种声调愈来愈强的行动方法并不怎么坏,可以向抱有一定原则的投机商人朋友们推荐。

二十八、伪善者的破产——这是慈悲为怀,在祭典时手执华盖绳的那些信徒所干的破产。他很容易得到信贷和存款,并能秘密地组织大规模的破产。我见过这样一种破产。在这种破产下损失是百分之九十。类似这种破产的优点在于宣告破产的人还有很多人原谅他,说:"他是一个虔诚的教徒,如果他在商业中失败了,那是因为他对于现世的幸福不大注意的缘故。"利用这种笃信宗教的口实逼出一个协定来,善良的使徒就通过这一协定保存住尘世幸福最好的一部分,以待来世幸福的降临。

第六章 下降翼

第八类——愚蠢者的破产——四个形态

在每一个职业范围内,都可以发现一些愚蠢者,他们莫名其妙地劳动,用顶好的材料做出很坏的活计来。同样的情形也发生在破产者当中,这些笨头笨脑的人只会把黄金变成铜,并在旁人取得辉煌成功的地方,却在那里愚蠢地陷入了破产。我只简单地说明属于这一类的四个形态,因为这一类虽然实际上是诚实的,但不是使人感觉有趣的。我在概述中所以没有把它略去,乃是为了保持分析上的前后一贯性。

二十九、由于幻想的破产——这是受愚弄者们的破产,他们受一些花言巧语所引诱去从事商业,而又不深知它的狡猾奸诈,以致弄到像灯蛾一样在灯光旁烧去了翅膀。自1789年以来,常常看到许多大地主刚刚从事商业,便立刻被卷进这个绝望的企业中,常常看到他们(我说)把富足的遗产投进企业中去,而结果是彻底的破产,并因而丧失了财产和荣誉。关于这一点必须指出:在破产中只有诚实的人才失去荣誉,至于懂得商业伟大原则的骗子则会靠制造自己的破产来赢得财产和荣誉。但是许多大贵族被卷入商人们的黄蜂窝内时还想按诚实来办事,他们遭受阴谋的制服和欺骗,而不得不以由幻想产生的破产来告结束。很多小所有者也犯了同样的错误,他们为商人的荒谬行为所引诱,抛弃了自己的田地,出卖了自己仅有的财产,到城里去开一家小店铺,结果当然是悲惨地失败了。

三十、由于残废的破产——这是希望至死还手执武器的那种无可救药的人的破产。常常可以看到这样一些已届老朽之年本来应该退休的人,他们还要轻举妄动,完全不识时务,不懂得新的一套阴谋诡计;他们在衰朽之年中失去辛勤储蓄起来的财富,并一直坚持到多次的失败迫使他宣告破产的时候为止。怎么样来称呼这一种人呢？他已达八十高龄,而且是个光棍,又是两百万法郎的所有者,这个数目无疑地尽够一个老光棍花用,但是他在应该退休思过之年,却还要插手搞商业。这种人破了产并在八十高龄时损失了自己得来不易的财产,这无疑是一个商业狂。这就是残废的破产者,他是本文的一个样板,我在每一篇文章中都描述一个样板,以免人们说我过于夸大,同时,在每一个城市中都有许多这类老朽的狂人,他们顽固地继续干商业,结果只落得可耻的失败,因为现在,即一切都达到出类拔萃的地步的时候,在商业中也如在战争中一样,需要有对新战术训练有素的年轻人;如果破产对年轻人说来不过是一个可爱的玩笑而已,那么对手头有许多金钱的并且在二十年以前就应该考虑退休的老年人说来,当然就是一件丢脸的事。

三十一、由于意气沮丧的破产——这是激烈竞争者们的破产,他们有意识地走向灭亡,并且是为了想从对手身上捞取一点利润而破产的。可以看到这一类中的许多人往往做亏本生意,因为他们期望对方会比自己先破产,而使自己变成战场上的主人。这种情形在运输公司中间和像在波克①城的那种纺织品定期市场上特别多,那里充满钩心斗角,结果是被打垮的人常常被迫破产。

三十二、蠢如猪猡的破产——这是头脑简单的人所干出来的

---

① 法国南部一座不大的城市。——译者

破产,他不按基本规则去活动,反而使妻子、孩子和自己本人破产,同时让自己完全落入司法机关的魔手并遭受商业界朋友的蔑视,这些人只尊敬富裕的和与伟大原则相适应的破产者。在商业的行话中对于一个使妻子、孩子和自己破产的人是这样说:"这不是人干的事,而是猪猡干的事。"假如他因为破产而捞了一把,那么人们将称他为能干的小伙子,头脑精明的人物。

第九类——伪伙伴的破产——四个形态

我把那些暴露可尊敬的银行家团体以便让公众讥笑的那些人称之为伪伙伴。有一些破产会引起愤慨,另一些破产则会引起哄堂大笑。我不把超过普通水平以上的破产,即掠夺数百万金钱的破产归入到这一类中来,因为这种破产始终能引起人们的敬意,决不会损害团体的声誉。在文明制度下,大盗从来都不受人轻视,而小盗才是真正应该被处绞刑的人,但当他们由于弄虚作假和宣告小的破产而引起舆论界的公愤时,他们就不配被允许加入团体,而只配得到伪伙伴的称号。我把这种伪伙伴分为四个形态来叙述。

三十三、骗子手的破产——这是一些小坏蛋所干的破产,他们在宣告破产时,虽然只有一些小偷小摸行为,但是已引起很大的愤恨,以至邻人们都说应该把他们判处绞刑。对于掠夺十万埃奇的人,人们不会这样说,可是对于偷窃一百埃奇的人就想到要使他上绞刑架。老实说来,这种想法对于一个大骗子是不会有危险的,因为银行家团体不允许自己的同行受到麻烦。或许司法当局很快会想到自己有权利由追究小偷而转到追究大盗,但这样做,将使那些按伟大原则办事的人们,以及由于诚实的破产而在上流社会中占有地位的人们受到极大的侮辱。

三十四、**恶棍的破产**——这是某个不显赫的人物把巧妙的诡诈行为和卑鄙的哀求手段结合起来的破产,例如他先监守自盗,然后再运用感伤动人的策略。这一种破产与前一种破产有关系,也如复杂的破产与简单的破产有关系一样。

斯加本是一个小商人,他制造了不过四万土耳其利维尔①的小破产,却捞到了成为这一行动之利润的三万利维尔,而把其余的一万利维尔交给了债权人。如果有人要求他说明为何亏空三万利维尔,他回答说:他不善于像大商人一样的记账,又说他曾几度陷于不幸。你会以为斯加本将受到惩罚,因为他是一个只盗窃三万利维尔的小偷;但债权人难道不知道如果让司法机关来过问时,它将会吞去其余的一万利维尔吗?在司法机关看来这笔钱太少了。所以这一万利维尔就是被吞去,问题也丝毫不能得到解决,如果要达到使斯加本上绞刑架的目的,也许再花上一万利维尔还不能保险成功。因此还是收下这菲薄的一万利维尔,比再花一万利维尔要好些。斯加本通过公证人的调解来说明这种理由,这个破产者就这样用司法机关威吓他的债权人。可是斯加本的债权人为什么要对他采取严峻的手段呢?他们之中有一些梦想仿效斯加本的高尚范例,而另一些人在这方面则比他干得还要厉害些。也像狼不会相互吞噬一样,斯加本很快就得到同意他的提议的一些债权人的签字,另一部分人由于怕司法机关干涉会掠去一切,也签了字;

---

① 土耳其利维尔只值巴黎利维尔的五分之四。——译者

但其中有一些很顽固的人却说,他们要牺牲一切来让坏蛋去服劳役。那时斯加本就派自己的妻子和孩子去找这些人哭求宽恕。于是,斯加本和他的公证人在几天之内就得到了大多数人的签名,大多数人签名以后,他们就嘲笑再不需要其签名的那些拒绝签名的人了。如果有人对斯加本的态度表示不满,后者就报之以甜言蜜语和九十度的鞠躬,而且他在估计第一次破产可以顺利收场时,已经在计划着第二次的破产了。

三十五、盲目的或逃亡的破产——这种破产之所以如此称呼,乃是因为在大城市中一些小的承租人眼看着还款期限迫近时,便在夜里拿着自己的破烂家具不声不响逃之夭夭。这是在里昂的手工织匠(织绸工人)中间极为常见的现象。有些衣着讲究的男女常到餐厅主人那儿预定上等酒席,到裁缝和靴匠那里定购漂亮衣履,完全不计较价钱,因为他们居心用花言巧语去支付,当债权人逼得紧的时候,他们就逃之夭夭;这些人也应该归到这一类中去。

这类形态的破产是很可笑的,并使所有的同行都陷入失宠地位。人们在责备掠夺二十个小商人的骗子时,也习惯于责备由于宣告破产而使二十个家庭陷于困境的规规矩矩的人,为了保证诚实的破产者和商业界的朋友们受到应有的尊敬,这种不负责任的批评应该停止。

三十六、令人发笑的破产——这是小负债者的破产,他和高级的有势利的银行家们一样实行一切形式的破产,而付给自己的债权人的数额也总不超过百分之五。一个擅长扮演丑角因而博得里昂公众异常喜爱的滑稽演员,曾制造过一次这一类的破产,他并且按照通常规矩,提出付给债权人百分之三的数额。

债权人中有几个非常愤慨,他们想去找法院的预审官,但是他愚弄司法,正如他在《律师巴特兰》[①]一剧中曾愚弄它那样,所有的公众也都拥护他。他的破产是一个异常有趣的喜剧,特别精心地分几幕表演。不管债权人如何暴跳如雷,公众总是嘲笑他们,完全像在《律师巴特兰》中嘲笑吉约姆一样。

以上我简单地叙述了各类的破产,但这种镜头还不完备,我将等待人们把有典型方法或有事实根据的其他约三十个变相破产告诉我。其中有很多是特别精彩的,例如数日前巴黎报纸上登载了一个名叫"Y"的人的出色的事件,他自己共有资金一万法郎,可是他创办了一个冠以堂皇的名称的商业机构,这好像是"世界商业复兴商行"或其他类似的富丽堂皇的名称,他利用这个商行从几个呆子手中吸取了一百万法郎,这些人的存款以后只好让他照例用美满的破产来支付。

破产的例子我既然搜集到一个,那就不难搜集到许多。当它们的数目可达到六十四个,而且还是有重点的时候,我将把它们按有关的对称分配在均匀的分类中,这是研究很多分类的最方便的方法。已经叙述的三十六个形态按正确的细分来说是一个很不完全的表式,所以,既不能以有四个轴心的三十二个均匀的分类的形态来分配它们,那就更难以用有对位法阶段的混合的分类的形态来分配它们了,例如:

1,2,3,4,5,6,5,4,3,2,1=36。

[①] 《律师巴特兰》是法国十五世纪的喜剧,剧中主人公的名字在法语中变成了诡计多端的代名词。——译者

我只好限于自由的谢利叶。这是没有意义的,因为表式本身就是不完全的,必须把这个表看作是一块绣布,每一个人都能在上面刺绣,同时补充一些被略去的形态,并把那些从有名的丰功伟绩中,例如从合乎阿齐拉精神的破产一类作为典型事例来描写过的 T 的丰功伟绩中选出的破产例子,加入每一个形态中。

第七章 关于破产的结论

如果注意到破产仅仅是商业三十六个特点之一,那就很难说明这个蕴藏着这样多罪恶的源泉,即这个商业的机构,为什么在这个对社会每个阶级的错误都不轻易放过的时代竟没有受到批判;即很难说明这个曾声讨国王和教皇罪行的时代,为什么不敢公开宣布银行家们的罪行;如果按所列举的三十六个形态的轮廓(我刚刚列举过,并且能够很容易增加到两倍至三倍的数目)来判断银行家们的罪行,那就可能产生一部篇幅很大的论著。

我曾指出过,这种批判的目的不在于扩大无结果的批判,而在于指导我们去寻求救治的方法。假如我们再列出另外一些表式,同样地把证券投机者和囤积居奇者们的犯罪加以分类,然后,对无数的骗局加以分类,如果按商业的每一部门分类下去,那将写满二十厚本。

在阅读到这些商人的肮脏事迹时,你会立刻反躬自问:宣布自己为崇高真理之友的这个时代怎样能够在商业是必要的借口下以完全信任的态度来偏袒骗人的商业呢?因为纵然商业是必要的,也还不能认为一切种类的欺骗和掠夺,例如刚才所列举过的商业的罪行之一的破产,是必要的。

不可忘却作出寻求救治方法的结论;但为了发现这种方法,首先就必须分析罪恶及其原因。首要的原因在于中介所有制,因此

第七章　关于破产的结论

我必须把这种所有制放在商业特点中的前列。

假如人们发明一种排除中介所有制的制度，那时人们将会看到一切商业的犯罪行为立刻被消灭。而这种制度或至少是这个制度的萌芽已为我们所知道，这就是寄售制。我们的商人们现在以最不完善的方式来实行，但是应该提高到延长的寄售制阶段；由此将会诞生出第六社会时期，即完全消灭欺骗的商业三十六个特点的保证制度。

当中介商人还有把握可以玩弄他人的财产时，这些特点中的任何一个特点都是不会消失的。农民就不能制造破产，因为他只能使自己的财产遭受危害，而不能损及自己邻人们的存粮。可见，中介所有制是主要的罪恶，应该用延长的寄售制的方法（这是进入第六时期的最好一种方法）来把它根本铲除。因为对于这个方法现在还没有迫切的需要，所以详细地叙述它是无益的，我将留待在论保证制度一文中提到它。

我们在这里只谈一下商业方法上一些显而易见的罪恶，最后论及破产。

说司法只追究小贼那句格言，对商业方面来说是不正确的：因为破产甚至是极小的破产，也可以在商人们的庇护下逃避国家的追究。这在关于第九类中尤为明显，这一类是属于小小破产者的一类。

要举出几个已受惩罚的恶毒破产者的例子，那是无益的；因为如果这些恶毒破产者之中百分之九十九的人都成功了，只有一个失败了，那么这个家伙无疑是一个不会玩弄阴谋的蠢材；因为现在玩弄这种阴谋已可靠到了人们完全用不着去采取老一套慎重方法的程度。以前破产者还要逃到特里扬、列日或卡鲁日去,现在这种习惯自1789年复兴时期以来已经不再存在,每个人都可以在家庭中重弹破产的老调了。人们可以放心地计划破产,当破产爆发后,可以到乡间亲戚朋友家去度过一个月,在这段期间内公证人会把一切事情都安排好。过了几个星期后又可以重新露面,公众对于这种大胆的举动已司空见惯,所以用开玩笑的态度来对待它,把它戏称为生孩子,并且十分冷静地说:你看他生产后又复元了。

我曾指出过破产是唯一的社会罪行,它像流行病一样地传播开来,并强制地引导诚实的人模仿欺诈。如果破产再加上证券投机及其他许多卑劣行为(这些卑劣行为是由各派哲学学说的果实)时,那就很容易同意我在前面所说的意见:文明制度下的人们从来没有做过自从他们屈服于商人精神以后所做过的那么多的政治上的蠢事。为什么只梦想着平衡和保障的哲学家们不打算努力为社会争取到政府合理地要求它的国库管理人员做到的那种保障呢?税收人员所以不敢浪费或盗用他们保管的公款,是因为国王采用没收他们的保证金和惩罚的方法来使他们不得不忠于职守。

所以绝看不到国家税收人员(连一半也不会有)把税款攫为自己所有,并向政府呈递如下申请书的事:"由于遭遇不幸、局势艰难、命运惨变等,总而言之,我宣告破产,无力偿付。"或用其他的说法来表达这种意思:"你的金库总计应有一千万现金,我提议给你归还一半即五百万,在五年之内付清,并请你可怜收税人所遭到的不幸,继续信任我并仍委托我管理你的金库,否则我甚至于不能归还我所提议的一半。但如果你保留了我的职务和收入,那么我将努力忠于自己的职守,即是当金库再度充实时,我将以第二次的破产来报答你。"

宣告破产的债务人的所有申请书的内容都是这样简单明了。如果税收人员所以没有仿效他们的例子,那是因为税收人员相信任何哲学学说都不能使他们不受惩罚。可是银行家们在如下原则的庇护下倒可以免受处罚,这条原则是:给商人们以充分的自由,无须要求他们保证不做不正当的行为。

中　介　章

　　商业的统一性是应该在社会制度中建立起来的,并且应该是在其他两个外部的统一性——行政的统一性与宗教的统一性——之前建立起来的那种统一性的最初表现,注意到这一点是很重要的,所以我们的注意力应该首先集中在商业的统一性上。

　　这一分册没有可能来说明商业机构,但是我至少应该启发有利于这个新的研究工作的智慧。如果我能使人们相信现代商业的方法是错误的,使他们相信极力颂扬这种龌龊的欺骗环境的科学是荒谬的,那么实际上就已经向前迈出了一大步。

　　假如要完全揭穿商人的伪善,那就应该如培根所希望的那样,编制出这一职业的每一部门所惯用的欺骗手法的一览表,例如:一个包含着面包商和制粉商暗中欺诈的一览表,另一个包含着制革商和制靴商暗中欺诈的一览表。至于银行的经理和经纪人们的秘密诈骗,特别是关于在垄断情况下对国库的欺骗的情形,我可以写出几大章来。国库把垄断权以非常可笑的条件交给银行的经理和经纪人,严格地分析起来,这等于说政府把有五万法郎收入的职位给经纪人作为报酬。

　　我们的时代对于分析商业来说还是一个生手,因而要愚弄这个生手并不是一件难事;它处在一个像易受欺骗的人们的地位中,这些人垂头丧气地随便相信任何一个男性的或女性的塔尔秋夫①，当有人向他们提出他们的愚蠢的证据时，他们甚至听都不愿意听。所以我们的时代由于受掠夺它的商人的强烈诱惑，也处在像奥尔贡②对他的朋友塔尔秋夫一样愚蠢的阶段上。关于这一点，最好是在《论海洋的垄断》那一章中再加以说明。

因此，为了使我们的时代睁开眼睛，简单的解说是不够的，必须极其详细地向政府及全社会指出，这种表面上装作为它们服务的商人骗子，其实是一切阶级的吸血鬼，甚至是似乎与骗子毫无关系的，例如处在赤贫中的僧侣阶级的吸血鬼。人们肯定说，在法国没有可能来增加牧师们的薪俸；我答复说，只要从证券投机家所掠去的钱财中拿出四分之一来，就充分可以使他们满意。大概有二万五千个牧师生活过得很不好，对他们只要每年每人平均增加四百法郎就够了，一共是一千万法郎。能不能认为证券投机家在平常一年内不窃取超过此数四倍之多即五千万现金呢？投机家在进行各种证券交易时所窃去的数目比这个数目还要多得多，甚至一个证券投机家就可以赚到八千万法郎。我们年年可以看到突然出现赚三四千万大财产的例子，所有这些钱都是由穷苦无告的农民，即永远是政治上一切罪恶的替罪羊来支付的。

可见文明制度并不缺少产品；它只是在分配方面由于缺乏那种能够排除寄生者和支持各个有益阶级的分配制度，由于缺乏不让证券投机家的收入超过能够满足二万五千名牧师迫切需要的那

---

① 答尔丢夫是莫里哀同名喜剧中的主人公，这个名字变成了伪君子的通称。——译者

② 奥尔贡是莫里哀的喜剧中的人物，他是一个易于轻信人的笨汉的典型。——译者

种制度而犯了过错；假定新的商业制度消灭了上述的掠夺，那么农业就会变得更为富足，除了提供一千万法郎的义务供应外，每年还可以有四千万法郎的盈利。

对另一个阶级——人民中买彩票的那一部分人——也可适用这个原则。彩票税是五千万之中只有一千万交给政府的一种税收。假如有旁的税收来代替，那么政府是可以考虑取消证券投机的，它除了征收为证券投机所非法攫去的五千万之外，还可征收二千万，其中一千万就可以补偿由不道德的彩票税而来的一千万，另一千万可用之于支给牧师们薪俸——总共是二千万。这样对人民大众来说，就有七千万的纯利，而以前这笔钱中有三千万的产品是被证券投机家所掠夺去的，有四千万的现金是被彩票投机家所窃取去的。显而易见，可以给人民大众七千万好处的这种办法，也可以使政府有资金来避免发生两种可耻的现象，即牧师们陷于极端穷困的现象和通过抽彩票税以鼓励赌博的现象。

在寻求使道德与政治相协调的艺术的那些人看来，上述的估计证明只要政治愿意考虑到镇压商业欺骗这种真正的正义行动，一切好事都是可能办到的。但是当政治还包含有奖励吸血鬼们（他们为了自己祖国的幸福①利用投机发了三千万横财）的制度时，那么它就决不会提高到作出任何一种有益的计划来。

---

① 这是数年前在巴黎一个干了一些罪行的证券投机者被带到法庭来时所说的话。法官问他如何能以这些微不足道的资金在八年内赚了三千万，究竟是怎样搞的？他回答说："为了祖国的幸福我在殖民地商业上干了投机勾当。"如果不考虑那句必须加以补充的话，那么他的回答是完全正确的；这句话应该这样说，我为了掠夺祖国的幸福所以干了投机勾当。

我刚才指出法国在证券投机和彩票上损失了八千万法郎。但是由于商业机构的罪恶，其他被掠夺的资金还不知有多少呢！单是寄生现象的一个罪恶（表中三十六个罪恶之一）就可以证明，它已经使二十万男子游手好闲，更不用说妇女和儿童了。如果这二十万人都从事于农业，那么他们在三百天内的生产劳动，如果每日以三法郎计算就会有一亿八千万，还不包括妇女和儿童的劳动的产品，这两者的人数中，自七岁至六十岁止共计有四十万有劳动能力的人。我按他们的生产品每日以一法郎计算，一年内共计有一亿二千万。

可见，在法国仅仅商业寄生现象的一种罪恶或大群经纪人（他们在正直的单纯竞争的第六种方法下是多余的人物）的充斥，每年就损失三亿法郎以上。受了损害的阶级，如僧侣阶级应该认清这件事，并应指出商人科学的错误，促使人们感到有试行协会的和正义的制度的必要。

我在论商业制度罪恶的三章中曾坚持这种必要性。上节所述的罪恶行为乃新时代人们的最后的愚蠢行为，这种愚蠢行为被他们看作是掉在水里的一根救命稻草，是防止在政治上与道德上犯错误的手段。当人们充分认清商业制度的三十六个特点时，那就可以得出结论：要去寻求的商业制度恰恰是发生三十六个相反结果的那种商业制度。既然问题的解决是在于根除基本的罪恶即产生其他一切罪恶的中介所有制，所以至少也应该说明那些罪恶中的几个，以便提出诚实商业学说（它的方法正与此相反）的概论。我们行将仔细去研究其中的三种罪恶，但比研究破产较为简略，这样就可以使头脑稍微清醒了一点的读者们能够领悟：文明制度的最新狂妄行为是如何漫无边际。这些狂妄行为的范围我们将在论及海洋的垄断的章节中加以测定。

第八章 论囤积居奇

这是商业罪行中最令人厌恶的一种罪行,其所以如此令人厌恶,乃是因为它经常袭击经济上最受痛苦的那一部分人。只要食品或任何商品刚一开始感到缺乏,囤积居奇者就马上活跃起来,加深灾难,如抢购现有存货,对将制成的商品预付定金,停止商品的流通,然后用阴谋诡计,即夸大商品缺乏的程度和散布恐怖空气(这些后来都证明是靠不住的)来把价钱抬高到两倍、三倍。他们在经济组织中所干的勾当,完全像到战场上去撕裂和扩大残废者的创伤的那些折磨人的匪徒所干的勾当一样。

有一种情况造成了现在为囤积者们所利用的有利条件,这种情况就是囤积者们曾为雅各宾党人所追究的原因,可是他们比任何时候都更辉煌地打胜了这一仗。以后,凡是反对他们的人,首先就被看作是雅各宾党人的应声虫。难道大家还不知道雅各宾党人对于任何种类的人,不问其为正直的人或强盗都一律加以屠杀吗?难道雅各宾党人不曾把阿贝尔[①]和马勒泽布[②]、邵麦特[③]和拉瓦锡[④]送上

---

① 阿贝尔(1757—1794年),法国十八世纪末资产阶级革命时期的杰出的活动家。——译者
② 马勒泽布(1721—1794年),法国政论家、政治活动家。——译者
③ 邵麦特(1763—1794年),是法国革命杰出的活动家。——译者
④ 拉瓦锡(1743—1794年),法国著名的化学家。——译者

断头台吗？只因为这四人都是结为同一的党派而牺牲，难道就必须把他们拿来相提并论，说阿贝尔和邵麦特也如马勒泽布和拉瓦锡一样，都是被雅各宾党人所消灭，因而他们都是好人吗？这样的说法也可以适用于囤积者们和证券投机者们，不能说由于他们受过相反方面的追究，因而他们至少不是扰乱秩序者，不是脱离诚实劳动的盗窃者。

总之，他们在被称为经济学者的那帮学者们中间寻到对于自己的赞颂者，现在再没有一件事有如囤积居奇和证券投机这样受人尊重的了。这两者按时髦的说法是投机买卖和银行业务，因为要按事物本来的面目来称呼，那将觉得不大体面。

文明制度最奇怪的一个后果是：如果直接去镇压明明白白专做坏事的阶级，如囤积者阶级，那么坏事将愈来愈多，商品将愈来愈少，在恐怖时期①可以使人充分相信这一点。由此就使得哲学家们得出这样的结论，以为必须使商人们有行动的自由。反对坏事的最滑稽的方法是因为拿不出任何有效的反对方法来，所以就支持坏事！必须寻找有效的反对方法，而在没有发现它以前，人们不应赞扬商人们，而应斥责他们的肮脏的阴谋诡计；必须鼓励寻找足以镇压他们的行动方法（协会的竞争）。

但是，为什么哲学家们要掩饰像破产、证券投机、囤积居奇、高利贷等类的社会灾难呢？舆论可以回答他们："你们所抱怨的这些灾难我们都知道，但因为你们是学者，头脑比我们开通些，请你们卖一点力气找找方法吧！在没有找到以前，你们的科学、你们的美

---

① 傅立叶在这里指的是雅各宾专政时期（1793—1794年）。——译者

丽词句对我们是毫无用处的,也像一个高谈阔论的医生在病人面前用希腊语和拉丁语谈了一大套,而没有为病人减轻一点病情一样。"哲学家们预见到这样不愉快的恭维话,认为最好是迫使我们忘却坏事,不要承认有坏事,所以他们向我们证明说:囤积居奇和证券投机是臻于完善的完善。他们大谈其分析的方法、形而上学的抽象和产生观念的感性知觉,使我们陷入科学的昏睡状态,使我们相信在社会制度中一切都在以最好的方法进行着。他们由于生活所迫不得不出卖著作,不问任何代价地写书,因此也像律师一样,习惯于把坏事当作好事来辩护。他们发现赞扬和美化当时流行的罪恶要比寻求救治之法方便得多,因为要寻求救治之法,他们就要冒白费气力通宵不眠而写不出一本书来的危险。

因此就出现了这样的现象,经济学家们其中也包括亚当·斯密都在竭力赞扬囤积居奇,把它看作是对普遍福利有益的行为。让我们来分析这些囤积者或投机者的赫赫功勋吧。我先举出其中的两个功勋来说。一个是谷物的囤积,这是最有危害性的一种,另一种是原料的囤积,这点看来好像可以原谅,因为它只扼杀生产,而不直接扼杀人民。

一、**谷物的囤积**。商业制度的基本原理,即给商人们以充分自由的这一原则,是承认商人们对于所经营的商品有绝对的所有权;他们有权利停止商品流通,把它隐藏起来,或甚至把它烧毁掉,像阿姆斯特丹的东方贸易公司就曾不止一次地那样干过。这个公司为了抬高肉桂的价钱,曾当众把堆存肉桂的货栈烧毁了,它既然可以把肉桂烧毁,那么如果它不怕群众拿石头来砸它,当然就可以烧毁谷物;它可以烧毁一部分谷物或让一部分谷物腐烂,以便把其他一部分谷物的价格抬高三倍来出卖。各个港口把因为商人等待涨价日子过久以至腐烂了的谷物倒入海中的情形,难道不是每天都可以看到吗？我作为商店店员曾亲自领着干过这种可耻的勾当。有一次曾逼着人把二百万公斤大米抛到海里去。如果货主不是那么利欲熏心,把这些大米在腐烂以前拿来出卖,也可以得到公道的利润。由于这种损失而蒙受其害的自然是社会本身,在让商人们自由行动这种哲学原则的掩护下,每天都可以看见这种损失的发生。

假定说一家富裕的商号像在1709年那样的荒年中,根据这种原则收购像爱尔兰那样一个不大的国家的谷物,而那时在各邻国内又发生普遍的歉收和禁止输出,因而由外面而来的供应几乎成为不可能。又假定说这家商号在收买了市场上所有的谷物以后,坚持以高出两倍或三倍的价钱出售,并声称："这些谷物是我们所有的,我们想在它身上赚取多于我们所花费的三倍价钱,如果你坚决不愿付这个价钱,那么请你用商业方法购买另外的谷物吧！暂时可能有四分之一的人民会因饥饿而死去,但是这一点对我们并不重要。我们仍然依据最新哲学所阐明的商业自由的原则,坚持干自己的投机事业。"

我要问：这家商号所用的方法与强盗匪帮所用的方法又有什么不同呢？因为它的垄断迫使全国人民在饿死的威胁下付给它的价格等于它所供应的谷物的价值的三倍。

如果注意到这家商号依据商业自由的法则,有在任何价格下都不出卖谷物而让其腐烂在自己仓库中的权利,而那时人民就有饿死的可能,那么你能设想饥饿的人民应该为了尊崇漂亮的哲学原则——让商人们自由地行动——而自觉自愿地去饿死吗？不，决不，你得承认商业自由的权利必须依据社会本身的需要受到限制，承认一个拥有过多食品的人应该被看作有条件的保管者，而不被看作无条件的所有者，因为这些食品既不是他过去生产的，也不是他目前需要的。你应该承认商人们或交换的中介人们在他们的行动中应该服从大众的福利，而不应该利用受你们的经济学者所称道不已的最带毁灭性的方法来在一般的交易中任意设置障碍。

难道责成其他更值得尊重的阶级对社会所承担的那种责任，唯独商人们就可以不必承担吗？当人民赋予将军、法官、医生以充分的自由行动时，决不因此而允许他们出卖军队，杀死病人，掠夺无辜者；我们看见这些人背弃他们的职责时，是受到如何的处分：背叛的将军斩首示众；其他依法处置，唯独一些商人们是不可侵犯的，是确定不受处罚的！政治经济学希望不许对商人们的阴谋诡计进行任何的监视；如果他们强迫全国挨饿，如果他们囤积居奇和宣告破产来扰乱全国的经济，这一切都可以用"商人"这一个名称来证明其无罪！一个喜剧中的骗子就是这样的，他以自己的丸药毒死了所有的人，同时却找到了一句为自己辩护的话：我是医生（medicus sum①）。同样，在我们这个复兴时代，人们希望我们相信社会中最无教养的一个阶级绝不可能在它的阴谋诡计中会有反对国家利益的行为。以前人们曾说过教皇是绝对正确的，现在则说商人们是绝对正确的——这就是人们所想确定的事。

二、原料或食品的囤积。在分析被称为囤积者的黄金时代的

---

① medicus sum，拉丁语。——译者

1807年盛极一时的商业高潮（那时砂糖的价格涨到5—6法郎一磅）时，我将指出这种囤积的有害影响。

1806年秋天，人们预先感觉到殖民地的商品，特别是棉花的输入可能遭受一些障碍，食品的供应可能迟误；但是人们若担心法国的各工厂会缺乏原料，那是多余的，因为那时库存的棉花足够供一年消费之用（包括已在外国购买并向法国输入的棉花）。政府用登记的办法能够查明各工厂全年的用棉都有保证，并且在这段期间内还有时间来采取预防性的措施。但是囤积者们伸进魔爪来了，他们抢购和匿藏现有的储备品，并使人相信各工厂不出三个月就会缺乏原料；随之而来的就是物价上涨，也使棉花的价格涨到平常价格的两倍。这种抬高价格使大多数法国小工厂受到倒闭的威胁，因为它们不能按照原料和棉纱的价格来提高纺织品的价格；结果，大多数的工厂主只好打退堂鼓，遣散了他们的工人。

然而实际上原料并不缺乏，恰恰相反，富裕的棉纱商自身变成了囤积居奇者，人们可以看到他们在留下足够的数量以供给自己的纺织生产外，是如何转卖自己作投机用的多余棉花来进行证券投机。简而言之：在这些肮脏的市侩手中有普通的消费者所缺乏的多余棉花，因此，法国并没有丧失原料，也没有缺乏原料的危险。事情的真相就是这样。

在这种市场情况下，由商业的无限自由和自由竞争产生出什么样的结果呢？它使：

1. 在原料没有真正缺乏和原料价格只应略微提高或完全不应该提高的情况下，原料价格涨到了两倍；

2. 使千辛万苦建立起来的工厂陷于瓦解；

3. 肮脏的市侩们的联盟用损害生产劳动的办法致富，并使国王受到耻辱，由于他们破坏了国王的创造物，因而侮辱了国王。

这是一些无可争辩的真理。人们对这点会提出异议，说什么如果政府妨碍了自由竞争，妨碍了商业的无限自由，那么灾祸可能会更加严重。我也同意，但你们也就从而证明了你们的经济学者不知道任何防止囤积的方法。难道这成为用不着寻求这种方法的理由吗？难道因此就可得出结论说囤积是好事吗？当你们不知道防治任何社会罪恶的解毒剂时，请你们至少拿出勇气来承认这种罪恶是社会的不幸；不要去听你们的哲学家们的那一套吧！他们为了推卸不能纠正这个罪恶的责难，就向你们竭力赞扬这种罪恶。当他们在大灾难面前吓得发抖，而劝你忍受证券投机和囤积居奇时，他们就好像不知道用什么药方来医治寒热病，而劝你忍受寒热病的愚昧无知的人一样。

但是，由于不知道防止囤积的方法，难道就说无限度的容忍囤积就合理吗？不，我将证明当局的干预往往能防止很大的灾害，同时还不至使用强力和陷入专横。让我们举一个适用于现在情况的例子[1807年]。

我假定政府为了拯救曾给予英国致命打击的自己的棉纺织工厂，企图压制囤积者们，并且派警察到某一个巴黎银行家那里调查。这个银行家在一月（1807年）间拥有按购进价格可值五百万法郎的存棉，他拒绝以八百万法郎的现金出售，因为他想在三个月之内毫不费力地使自己的资本增加一倍。当局可能向他这样说："你同你的共谋者们囤积原料，拒绝按诚实的利润出售给我们的厂主们，以致使他们有破产的危险，因此我们要求你把你的存棉不要按你所奢望的加倍的利润出售,而按四分之一或五分之一的利润出售。我们准备把你的棉花分配给小工厂主(而不是大工厂主,因为他们自身就是联合起来掠夺小工厂主的囤积者)。"

采取这样措施,会得到什么结果呢?

首先我们要指出在这种措施中没有丝毫强制的意味,因为囤积者在三个月后出卖存棉可得到六百万,而他购买时只花了五百万,这就是说他在三个月内赚了百分之二十,比以极大努力在年终时从自己土地上耕种的农民所得到的东西多三倍。

由于这种措施的结果,那些希望使自己的资本加倍并获得成功的其他一切囤积者们,就可能决定按百分之二十的利润出售自己的棉花。这样,工厂遭受的苦痛就会异常有限或甚至不会遭受任何苦痛,也不至于闹到工厂关门、工人解雇的地步。当局的这种干预既能挽救生产的危机,也能使人感激政府。这种干预毫不会阻止我们盟国对我们的供应,因为如果美国人在1806年按其所希望的一公担一百埃奇的价格供应我们,那么他们一定非常高兴把棉花运来按一百二十埃奇出售;由此很明显,当局对于囤积居奇者的干预不应按照雅各宾党人的方式,即以纸币付给所有者而对他们进行掠夺的方式,而应这样去干预,即只对那种堕落到勒索式的榨取利润的方法加以限制。

当预见到某种商品异常不足和稀少能引起投机者们从事囤积时,最好(在文明制度的政策下)是宣布这种商品是商业范围之外的商品,并规定其最大利润,同时规定一个足以充分鼓励输入的标准价格,例如高于平常市价的四分之一或五分之一的标准价格;禁止一切肮脏的市侩们以间接的方式来取得和贩卖这种商品,因为

第八章 论囤积居奇

他既不是这种商品的消费者,又不是它的供应者;按照平常的销售量(这种销售量可按他在数年内出卖商品的平均统计来决定)限制对每一个商人的供应。

我不再详细说到另一些抑制囤积居奇的临时措施,了解这些措施是完全多余的,因为协会的竞争或第六时期的商业方法在于预防而不是在于压制囤积或其他不正常现象。在不知道预防的措施的情况下,连最低限度的治标办法,如宣布某一商品为商业范围以外的商品那种办法也不试图采取,这是不能原谅的。法国在1807年冬季就应采取这种办法,特别是对于棉花,因为我们棉纺织工厂的发展是可以给英国的东印度公司及其国内工厂以致命的打击。

由于有可能把原料的价格提高到平常市价的两倍,供应是否会增加呢?并不,原料可能比原来贵了三倍,但这种涨价并不能消除妨碍输入的障碍(战争性质的),因此,抬高原料价格只是使工厂和消费者受到掠夺,使囤积者获利。那么在危机的时期,即可以允许离开常规和惯例的时候,应该保护谁呢?是保护多数的消费者与工厂主呢?还是保护一些勾结起来想借助于人为引起的恐慌和抢购商品(这些商品以前他们既不贩卖,又不消费,更不认识)的方法以破坏生产的某一些凶恶的家伙呢?

如果是用投机者们自己的理由来反对他们,那很容易使他们陷入狼狈的地位!如果信任他们,那么一切商品都将缺乏,甚至于很快就会出现拿金块也买不到商品的时候。针对这种情形,当局可以告诉他们:"不问你想不想供应我们的工厂和消费者,但无论如何你必须被迫拿出你的库存东西,因为如果今后输入停止了,如果物资缺乏达到了极点,那么庇护你们的鬼蜮伎俩(它们掠夺生产并在危机时期使生产陷于阻滞,因而加速生产的崩溃),也就会变得徒劳无益。但是如果输入和供给还有办法,那么你们就是使暂时的不幸加深的人,即安宁的破坏者、惊慌的传播者。因此,不管你是怎么样想的,继续供应也好,停止供应也好,总之你是一个值得处罚的罪人,并且你应该为自己庆幸,因为人们仅仅宣布你不受商业的保护,并迫使你卖出你的存货,同时还使你得到超过平常价格四分之一的巨大利润。"

这样的讨论如果继续下去,我很容易证明,一方面不限制交易〔也不脱出文明制度政策的范围〕,同时却能制止囤积者们放肆的行为;在粮食范围内以及在各国政府所常加以干预的谷物交易范围内,人们已经感到有这种干预的必要了。如所周知,假如谷物的囤积者们享受完全自由,假如他们可以组织公司,用预付定金的方式来购取青苗和把谷物藏在仓库中不让流通,那么甚至在特大丰收之年,我们也将经常遭受到某种程度的饥荒。虽然投机者们冒着人民拿石头袭击他们的危险,有遇到政府方面反对他们的危险(政府在灾难严重的时机只好强迫他们开仓出卖存粮,以免使人民陷入绝望的境地),但是他们还是不止一次地达到了使全国遭受饥饿的目的!如果说我们曾经看到过投机家常常不顾一切危险来蛮干的话,那么要是让他们在囤积谷物方面享受绝对自由和可靠保证,他们会干出什么事情来呢?

制定关于人类义务的学说的政治学者们,你们是否也承认社会的义务呢?这些义务中的第一个义务是否就在于压制那些破坏工业并把自己的幸福专门建立在使我们祖国遭受苦痛上的寄生虫呢?假如你们有勇气揭穿这些罪恶,那你们不会迟迟到今天还停留在发现矫正它们的方法(协会的竞争)的阶段上。啊!虽然古代往往可笑,但在商业政策方面却要比我们合理得多了。古代曾公开唾弃商人的罪恶,并且诅咒这些生产的掠夺者,即这些受最新哲学(无耻地拥护达到敛集黄金的目的的一切卑鄙行为)赞扬不已的囤积者。

第九章 论证券投机

证券投机是囤积居奇的姊妹。两者把舆论征服到了使一切人直到专制君主都在它们面前低头的程度，同时也破坏了国王们的一切行动，那些国王们被一些诡辩所欺骗，甚至不敢想到加以抵抗或提出寻求另一种商业制度。

最近几年以来，证券投机特别来得猖獗。有五千万法郎财产的人现在已经是非常普通的事了，在拿破仑时代某一大亨在证券投机中赚了一千八百万，那会使人们惊讶不已，而现在这点数目已经变成小小的盈利了。

所以，著作界对于颂扬这些新成功也表现出很热心，现在已编著了一些供证券投机参考的和供学习高级手腕——差额补偿交易、定期交易、多头交易和冒有限风险的多头交易之用的权威著作。这就是刚刚发现的崭新的科学，但值得惊异的是科学研究院还没有成立证券交易系。

在肤浅地论及这个问题时，我只强调证券投机者们在所有权方面所享受的进行公开战争的权利，他们所处的地位比之于被贬低到进行秘密战争的条件下的走私者们要有利得多。证券投机公开地反对行政上的各种措施。这种情况的最惊人的表现在乌尔姆和奥茨特利茨两次战役[①]中可以看到。巴黎的证券投机者们在两

[①] 乌尔姆和奥茨特利茨战役是拿破仑对奥国和俄国战争中两次规模巨大的战役。——译者

第九章 论证券投机

个月内干了前所未闻的破坏勾当。他们以供给五千万垫款（这笔款项——据他们说——是经法兰西银行缴纳的）为口实，跟着就在社会上造成普遍的惊惶，使货币的兑换率立刻增加到三倍，使现金完全绝迹，使大多数的工厂关门，等等。

证券投机在1796年或1797年一年中的利益可达到百分之三十六，巴黎的银行家们就曾公开说过他们取得了百分之三十六的利益。在证券投机能够造成周期的动荡，并使国家听任既不是农民也不是工业家，而是只看重自己的钱包和善于每天变换祖国，并且只关心使经济生活周期地陷于混乱的那种寄生阶级来摆布的社会制度中，农业占着什么样的地位呢？

同时我们看到我们的经济学说怎样替这些灾难辩护，以及怎样支持这些灾难，即不断撕毁生产的躯体、欺骗国王本身和辜负人民信任的证券投机、囤积居奇、破产，等等。我再说一遍，同时我们看见这些卑鄙行为及其他许多由商业的无限自由制度所产生的同类行为，可是就没有一个作家有勇气揭穿这种可笑的经济科学，斥责整个商业的机构，并提议为经济关系另寻新的方法！每一个人在商业的罪恶面前深深低头，可是暗中又对这些罪恶愤愤不平；每一个人都高声赞美商业，而不去考虑推翻商业压迫的方法。文明制度的人们当谈到需要以政治创见来处理的一些改革问题时，他们就认为自己无能为力，因而陷入惊慌失措的地步。

毫无疑义，现代的哲学家们为了他们所拥护的商业制度的后果，内心是感到一种耻辱的，但是由于虚荣心的缘故，他们仍愿让灾难更为加深；他们阿谀这些政治上的侏儒们、这些证券投机者和囤积者（他们所不能制止的人物）；他们使社会思想养成一种只要一听到商业这个名字就战战兢兢和低头膜拜的习惯。这些可耻的事情对于自夸完美的理性说来是何等有力的揭露啊！政治经济学使现代国家陷入了一种什么样的泥坑中啊！当商人哲学和经济科学还处于不存在状态的时候,我们不是更少受一些羞辱吗？文明制度不是更少受一些轻视吗？

人们根据某些特点认为这些在投机者名义下如此受人尊敬的肮脏市侩们,就是温和的俱乐部派和长袖善舞的雅各宾派,这难道不可以吗？因为他们也和俱乐部派一样,都有了加深一切经济上的灾难而狼狈为奸的特点。恰如俱乐部派能置身于政府和人民当中去支配政府和人民一样,商业上肮脏的市侩们也能做政府和生产的中介人,使两者都屈服于自己的阴谋诡计之下,而且能够装出关心农业的困苦的样子,使一切人受其笼络和欺骗。按照法律,他们没有行政权,可是他们像俱乐部派一样,却能达到使一切都符合于自己的利益。有利于农业或工业的权力的概念,通常只是证券投机的内心愿望的表达：因为他们经常获得优惠办法的果实,即获得政府所认为授予诚实劳动的果实。商业上肮脏的市侩们也和俱乐部派一样,具有用一些小事情来分散和击败竞争者的高度艺术,两者所用的攻击方法如出一辙：为了制造使政治陷于混乱的大规模行动,两者都有自己秘密协商的委员会；两者都用有保护色的意图来加以掩饰：一方借口有加速普及教育的必要,另一方借口有加速商品和资本流通的必要,实际上他们的动机完全与这种表面理由背道而驰。在他们出色的冲击中又暴露出与俱乐部派完全一样的策略：这就是玩弄大阴谋；俱乐部派制造出一些表面理由以后,接着就把成千人逮捕起来,以便掠夺他们,并在下一个阴谋中把那

第九章 论证券投机

些被注定为牺牲品的人置于死地。商业的肮脏市侩们也采用同样的方法，他们虚妄地宣布巨大的灾难，鼓吹商品的严重匮乏，他们用收买自己所要控制的那种商品的方法来制造商品缺乏的气氛；他们一下子就把它的价格抬得很高，从而掠夺成千上万使用这种商品的工厂；在此以后，他们又去收买其他商品，以便掠夺其他的工厂和作坊。

可见，俱乐部派与商业的肮脏市侩们都是采取同样的策略的，即采取依靠捏造的社会灾难来实行扰乱和掠夺的策略的；结果，俱乐部派或叫作企图掠夺富人的贫穷的扰乱者的联盟，以及囤积者或叫做企图掠夺穷人的富裕的扰乱者的联盟，在他们所用的一切行动方法上都是完全相同。这是两种雅各宾派，即一种是使用激烈形式的雅各宾派，另一种是使用灵活形式的雅各宾派；当我介绍在我们被吸引去的文明时期第四阶段中应当采取这种掠夺行为的普遍性和通常过程时，那么上面所说的话是完全可以相信的。农民们那时将完全变成商业的奴隶。我是很少把商业与证券投机加以区别的，因为一切［富裕的］商人多少都参加了一些证券投机和囤积居奇的阴谋诡计，不管他们怎样假装抱怨这些灾难，而暗中他们就是这些灾难的帮凶和共谋者。

这些详细情形虽然是‖千真万确的‖，但对于证券投机的描述仍然不够。对它作出更扼要的、更精确的说明，将见之于论及七种垄断一章中，在那里证券投机和囤积居奇占着第六和第七级。我请读者到这一章中去找寻精确的说明，在那里充分地指出直到现在为止还很少被研究的一些可耻的后果。我们将再回到这个问题上来。

第十章　论寄生现象

我打算谈到的这个罪恶不如前面那些罪恶来得可耻,但它所带来的损害程度并不比它们轻。

在一个把节约推行到极其精微细致的程度——例如以菊苣汁代替咖啡,以甜菜汁代替砂糖等等节约的表现,而所有这些只不过便利于商人的欺诈阴谋并使那些出了任何价钱都买不到好东西的旅行者忍无可忍——的世纪内,在一个可说如此吝啬的世纪内,为什么人们没有注意到最重要的节约应该是劳动者的节约,即多余的工作者的节约呢?我们本来能够把这些人力节省出来,可是现在却把他们浪费在非生产的职务中,例如商业职务中。

我曾指出,如果在协作社制度下只要两三个人就可以办得了的工作,在现时的习惯下却往往要一百个人去办,并且指出,从第六时期开始只要二十个人就可以充分供应一个城市的市场,可是现在却需要成千的农民。我们在经济机构方面也是一些生手,正像不知道用制粉机而用五十个工人来把谷物(这些谷物现在只用一架制粉机就碾完了)磨成粉的人们一样。商业经纪人到处都多得骇人听闻,他们比起整个商业职业所需要的人员来通常要多出三倍。

自从哲学宣扬热爱商业以来,我们看见商人到处充斥,一直到了乡村。家长们拒绝从事农业,以便专心一意地干流浪式的小投

第十章 论寄生现象

机事业；假定他们只有一头牛犊出卖，他们会浪费很多的日子在市集、商行和酒馆之间窜来窜去。特别在酿造葡萄酒的边远地区，这种恶习更为流行；到处参加自由竞争的商人和商业经理人不计其数。在各大城市如像巴黎就快有三千食品杂货商，而实际上要不了三百人就办得了日常的供应工作。经纪人的这种过剩情形也见之于小地方的市集上，现在一年内容纳成百个各种杂货行商的这个或那个小城市，在1788年或许还看不到十个这类的人物，虽然当时商人的人数不到现在商人人数的三分之一，可是那时既没有食品的不足，也没有价格非常公道的衣着的不足。

竞争者的人数这样众多，就迫使他们争先恐后地采取最狂暴的和对社会机构说来最带破坏性的手段，因为每一个多余的经纪人都是修道士，都是在社会中只消费而从来不事生产的社会掠劫者。难道我们不承认西班牙为数达到五十万的修道士，假如他们都从事于农业劳动，就可以生产出二百万人的生活资料吗？过剩的商人的情况也是如此，他们的人数不计其数；假如懂得了第六时期的商业方法——协作社的竞争方法，那么你将会相信用现在从事于商业中的四分之一的经纪人就可以使商业顺利无阻地进行，并且相信单是在法国一国由于自由竞争所造成的经纪人的充斥，就使上百万的居民脱离了农业劳动和工业生产。可见单就法国而言，由于经济学者的谬误，每年就损失了可供四百万居民食用的生活资料。

现代制度除了劳动力的浪费以外，还招致了资本和商品的浪费。我举出一个现在最平常的坏习惯——压垮——来做例子。

自从大革命以来，所听到的就只是商人中闹着压垮的叫嚣声。由于商人的人数过多，所以他们彼此就剧烈地争夺销售的机会（由于竞争者太多使销售的机会日益减少)。一个城市只有十个商人的时候,消费的砂糖是一千吨,但当商人人数不是十个,而是增加为四十个的时候,仍然只消费一千吨砂糖;在法国的各个城市中所发生的情形正是这样。现在我们听到这一大群商人在埋怨商业凋敝,而实际上他们应该埋怨商人过多;他们由于兜揽生意的开销和由于竞争而日趋衰弱;他们为了满足于压垮自己的竞争者的要求,就冒胡乱花钱的风险。如果以为商人仅仅是自己物质利益的奴隶,那就错了;在很大程度上他是自己的嫉妒心和傲慢心的奴隶:一些商人为了搞大事业的那种无益的荣誉而破产,另一些商人则是出于想压垮邻居的那种不正常的意图,结果邻居虽然被压垮了,可是自己也走入了绝境。商人的虚荣心虽然是卑鄙的,但毕竟是一种强烈的感情,如果米太亚得①的成功妨碍了泰米斯托克利②的睡眠,那么同样也可以说一个小店主的生意兴隆也会妨碍邻近小店主的睡眠。这种竞争的荒谬行为就是从这里产生的,许多商人由于这种荒谬行为而把自己推入到破产的境地,或由于超额开支(结果这些开支都落到消费者头上,因为归根到底,一切损失都是由社会自身来承担)而弄得疲惫不堪;如果新的商业制度(协作社的竞争)能把商业经纪人的数目和商业上的开支缩小到四分之一,那么你就可以看到一切商品的价格会便宜得多了;其次,你就可以看到由于这种价格降低而引起的新的需求,以及大量工人和资本的增加(由于商业经纪人的数目减少了,这两者都回到农业方面

---

① 米太亚得(约公元前 554 或 550—前 489 年)是雅典的政治活动家和统帅,在他的指挥下,雅典人于公元前 490 年在马拉松战役中打败了波斯人。——译者

② 泰米斯托克利(公元前约 528—前 462 年),是雅典的政治家。——译者

来），产品量也将随着增加了。

滥用行为一个接一个地相伴而生，这在商业方面也和在行政方面一样，都确是如此。例如商业经纪人的浪费行为引起证券投机和破产，这种情形的明显证据表现在运输企业的斗争中。运输企业为了要使对方受损失，情愿无代价地运送旅客。有些人看见它们为了相互压垮而减低运费时，就自言自语道："它们为了使我们乘坐驿运马车，很快地将发给我们的奖金。"为了证明经济学者们受骗很深（他们老想着好像利益是商人的唯一推动力）时，考察一下这些详细情节是很重要的。任何一个明白道理的人能够冷静地设想，只收 18 个土耳其利维尔的车资便把旅客从巴黎用驿运马车运送到雷恩①去吗？这就是想压垮对方那种不正常的意图所产生的荒谬行为。这种在旅客看来非常可笑的猛攻的必然结果，便是每隔数个月就发生相互进行压垮的各个勇士们的破产。他们的破产得到对于最荒唐的企业始终感到兴趣的公众的支持，因为这些企业虽然失败了，但由于掠夺了合伙人的财产（它不把他们的投资归还给他们），破产者反而得了利益。由此就产生了这样的情况：相信自己有出路的商人们，在命运逆转的情况下，就用宣告破产的办法，冒一切危险以求毁灭竞争者和欣赏邻人的不幸；他们和日本人一样，日本人在仇人的门旁挖出自己一只眼珠，目的在于借助司法机关的力量来把仇人的两只眼珠都挖出来。

由于这种歼灭战而遭到失败的老商家们，普遍地放弃了那种

---

① 雷恩是法国西北部一个城市，距巴黎 374 公里。——译者

由于有新来者(这些新来者为了获得公众的欢迎,往往亏本①出售货物)的阴谋而变成危险和庸俗的职业。不愿吃亏的老商行,结果是为人所抛弃,即失去了消费者,因而也不能履行自己的职责。新旧两方都很快陷入疲惫不堪的状态,并被迫借助于证券投机者,但证券投机者所借给的高利贷援助增加了它们的困难和它们无支付能力的状况,并加速了双方的倒闭。

由此可见,引起破产的自由竞争,鼓舞了证券投机,并给予证券投机以巨额的收入(正如我们所看到的,它曾攫取这种收入)。证券投机者到处都有根据地,甚至在小地方的市场上也不例外;到处都可以遇到称为银行家的人物,他们除了按高利贷的利息②放款和挑起竞争战以外,是不干别的事情的。他们通过预支来支持为数极多的小投机商人,后者则争先恐后地投入最可笑的投机事

---

① 对于亏本出售这句话我须加以说明。当商人获利百分之十或百分之十五时,他往往是亏本的;因为事情是这样的:他与售货交易所赚得的总额保持平衡的总开支,迫使他必须获利百分之二十五,这样才能使他的资本有百分之十的纯利润。因此,如果由于竞争的影响,他只能获利百分之十五,那么到一年的终了时,他将得不到一个奥波尔的利润,并且还会损失自己的利息以及自己劳动和冒险的果实。这是经营日用消费品的诚实商业企业所常有的事,这些企业不像囤积居奇那样有很大利润的:所以我们看到很多的诚实商人们在激烈的竞争影响(竞争不让每一个人得到可抵消耗费的收入和销售的机会)之下经过数年便苟延残喘,陷入动荡不定的地位。

② 不能弄明白现时法国究竟有多少高利贷者。最初这种现象发生在莱茵河两岸,那里犹太人利用高利贷者的方法攫取了大部分土地所有权,这件丑事在国内并不怎么引人注意,因为国内的土著居民也放高利贷。现在除了囤积居奇和证券投机以外,要算抵押放款,以及买卖债务人的契约和契据是唯一的收入最好的来源。另一些聪明人则脱离了商业,而去从事于大革命曾用推翻土地所有制的方法来加以促进的这一绝妙的职业。

我不打算责备高利贷者,一切政治上的罪恶应该只归罪于环境,而不可归罪于由环境中吸取利益的公民……

第十章 论寄生现象

业中去,在他们失败以后,又到银行家那里去求援,以便再事掠夺。这些银行家抱着挑起冲击的目的而在商业舞台上占据一席位置后,就酷似阿拉伯人匪帮那样。这些匪帮兴高采烈地在军队周围来回奔驰,等候从战败者身上夺取战利品,而不问战败者是朋友或是敌人。

看到这种掠夺以及许多由商业产生的蠢事,对于鄙视商业的古人要比我们高明这一点还能有什么怀疑吗?至于为了商业的光荣而杜撰了各种学说的近代人,能够不说他们都是些无耻的骗子吗?在商业制度未被谴责,在对社会较少带侮辱性的交换方法尚未发明以前,能够指望在经济机构中看见任何公正、任何良好秩序的统治吗?

对三十六个商业罪行中的四个罪行的说明,证明文明制度的人们完全不懂得这个制度的结构。如果允许对我们所提出的问题加以详细的论述,并对三十六个罪行中的每一个罪行加以说明的话,那么读者不会因为自己轻信这些罪恶昭彰的商人学说而感到惶恐不安吗?每一个人都可由此作出有必要改造商业制度的结论。

这种改造只有用打击树干即打击商业所有制或中介获利制的方法,或用组织长期寄售制,或用组织在结成反商业联盟的政府与农业干预下的协作社竞争制的方法才能得到实现。

但这种可能使文明制度过渡到保证制度,即第六时期的行动,所需要的时间大约为三十年;因此,应该放弃类似这种念头,因为我们能在三年之中进入到第八时期——复杂的协作社和全世界的和谐制度。这种意见最好不断地加以重复,因为文明制度下的人的智力喜欢评论那些可能推迟社会统一体到来的困难行动。

既然这种商业组织是在协作社制度(这种制度一开始便在外

部统一的条件下建立起诚实的行为方式)下促成的后果,那么现在又何必来多谈改组商业的思想呢?因此,我们考察商业时应该只着重考察它在现代文明制度下不得不去干的那些狂暴行为的方面。无疑,我们可以假定从国王们认定欺骗成性的商业的无限坏处,以及估计到每个政府由诚实的行为和简易办法(政府在有组织的国家行政方面会发现这种简易办法,它按规定的日子来付税并把现在商业所霸占的巨大势力交给各部和农业)中所得到的巨大利益那一瞬间起,文明制度就会宣告结束。

我应该详细地说明这个问题,虽然它超出了协作社的范围,但是为了满足各种各类的广大读者起见,详细对它加以说明是适宜的。我承认有许多人很想知道保证制度的学说,或在社会阶梯中紧接文明制度之后的那一时期的学说。我让他们预先知道在以后发行的各分册中将会看到这种学说的极完备的形态,特别是其中关于商业的这一主要部分。因此他们可以预先认为,把我们阻留在文明制度中的那种谬见,即商业的欺骗制度已经被驱散了。

批判成了真正不愧作为有趣的叙事诗的主题。勇敢的革新者们使古代哲学遭受破产;一个原来没有的学派突然出现了,这个学派就是大胆攻击希腊和罗马那些可尊敬的信条的经济学者们。真正善行的模范——希尼克派、斯多葛派、一切爱好贫穷和平凡的知名之士,都完全被吓倒了,并且拜倒在鼓吹奢侈的经济学者的面前了。神圣的柏拉图、神圣的塞涅卡[①]都被从宝座上撵下来,斯巴达

---

① 塞涅卡(约公元前4—公元65年),罗马哲学斯多葛学派最著名的代表人物。他宣传严格的道德和鄙视财富,而本人却是一个百万富翁。——译者

人的清汤、新新纳图的芜菁、第欧根尼的肮脏褴褛的衣衫,所有这些道德家们的武器库都显得毫无力量,一切的人都在那些允许热爱奢侈、美食和最被贱视的黄金与白银一类金属的渎神的革新者面前望风而逃了。

让·雅克·卢梭和马布利勇敢地拥护希腊和罗马的荣誉,结果是劳而无功。他们向人民介绍:"贫穷就是幸福,必须抛弃财富和刻不容缓地接受哲学的信念。"①那些道德的永恒真理也是徒劳无功的。真是枉费气力的介绍!在新教条的打击下什么东西也站不住脚,因为腐朽的世纪是专靠商业契约和按一个苏、一个狄尼计算的商业平衡表为生的;波尔奇克和利吉叶的旗帜已被商业研究院和商会不知抛到哪里去了;最后,经济学者们的侵入,对于非精确科学说来,是第二个法萨卢斯之日②,大家知道,法塞勒斯就是雅典和罗马的聪明才智,以及一切优美的古风遭受难以挽救的惨败的地方。

---

① 这是有八千万财产的塞涅卡自己所说的话。他希望人们立刻抛弃财富,他完全没有给他们一点犹豫的时间。他说:"你还等待什么?无论如何不要拖延到明天,为了专心致力于哲学,你今天就抛弃自己的财富吧!"

这是骗术,而这类骗术已经控制文明制度达两千年之久;这类的空话看来像明智似的。在我们时代,人们觉得这些迂儒之论的可笑,他们劝我们:

> 把不可靠的财富抛到
> 贪婪的大海的怀抱中去 (卢梭)

不过这些空谈家还不是最可笑的;还有万能的演员才是荒谬绝伦和罪恶多端。这里指的就是经济学家集团,这个集团特别危险,因为它戴着理性的假面具。

② 法萨卢斯之日是恺撒在古菲沙利亚地方法塞勒斯城下击败庞培的日子。——译者

坦率地说，文明制度已经换了一个阶段：它已由第二阶段转入了第三阶段，在这个阶段中商业精神占统治地位，并完全指导政策。这种变化乃是由航海术和殖民地垄断的成功而产生的。经常迟了才过问社会运动的哲学家们附和了时代的流行的见解，并且当他们看到商业精神已占统治地位时，便开始大加吹捧，由此产生了经济学家的派别，也产生了同这个派别发生关于商业的学术性的论战。

哲学家们根据什么理由要过许多世纪以后才改变主张，才来过问商业事业，即过问他们在古代所蔑视的对象呢？他们在美妙的古代曾不断地嘲笑商业。那时一切的著作家都把商人当作笑柄，并与贺拉斯①一起反复地说，商业科学在于知道：

一个狄尼生二十个狄尼

一百法郎生出多少呢？——五利维尔

其实，由于泰尔和迦太基的影响，就已经可以看出商业的实力可能有一天会超过农业的实力，并会对一切行政组织发生影响。但是这种状况还没有出现，而且也永远不应该出现。哲学上推论的范例就是这样，因为它看待社会运动只是把眼光注视着过去，所以将来几代的人将把文明制度的政策想象为长着一个反转过来的只向后看的脑袋。

直到十八世纪中叶为止，非精确的科学还迟迟不前地支持古代蔑视商业的偏见，最好的证明就是1788年支配全法国的那种精神。那时学生们在相互谩骂时，有时向对方说："商人的儿子！"这

---

① 贺拉斯（公元前65—前8年），古罗马的著名诗人。——译者

第十章 论寄生现象

是一句带有异常侮辱性的话。各省的舆论也是这样的；但商人精神在有大银行家和肮脏大市侩们经常居住着的各个港口和各个都会中就已经潜伏下来了，只是[差不多]到1789年商人才突然变成为半人半神，学者集团公开地站到他们那边去了，并开始把他们作为有利于自己的图谋的工具而加以赞扬。

总之，商业在其刚产生的时候是受蔑视的和不为哲学家们所认识的。[他们现在也不甚了解商业，因而把它与有益的工业家阶级混为一谈。]商业赢得这些学者们的尊敬，只是在取得完全胜利以后，也像一些包税人一样，当他们坐在六匹马拉的马车里时，人们就开始赞扬他们，那时演说家们赞颂他们的德行，并吃够了他们的珍馐美食。哲学对待商业精神的态度是这样的：只是当这个精神走上高峰时，它才去阿谀它，在以前，它甚至不认为这种精神是值得注意的。西班牙、葡萄牙、荷兰和英国早就实现了商业垄断，但哲学未曾想到颂扬它们或责备它们。荷兰创造了自己的无限财富，但它并没有向什么经济学家们请教，因为当荷兰已经蓄积了不知多少吨的黄金时，经济学家们的学派还没有产生。那时哲学家们正埋头探索优美的古风，或者在参与宗教的纷争。

最后，他们开始理会到新的商业和垄断政策能够为充填巨著提供材料，并能使新集团成为有势力的集团；那时人们发现哲学界中诞生了经济学家的学派，这些经济学家们虽然出生不久，但是已经光荣地写出了浩如烟海的著作，而且还希望用自己著作的册数去和他们的先辈并驾齐驱。

按照一切诡辩者的习惯，这些新来者很可能把对象弄得混乱不堪，以便为学术争论提供材料，并靠着他们著作的那些读者来生活。我们可以说：不要去谈经济学家们能够发现什么东西。他们甚至连自己解说的是什么也不知道；因为在极重要的问题上，例如在应该为人口规定的限度问题上，他们承认他们的科学是没有固定原则的。正因为如此，他们的科学不能产生肯定的效果，从而也几乎不明白它们能为什么服务。但这对著作者们来说是不重要的，因为印刷机在全力开动着，书籍都能卖光，哲学的目的达到了。

可以问一问经济学家们，在他们缩小或增大政治灾难的意图中，是否也把增加捐税、阴谋家的夺取财物、扩充军队、赞许破产和权术等类事情包括在内呢？毫无疑问，所有这一切灾难在经济学说没有产生以前，从来没有增长得这样快；科学愈少成功，恶事也就愈可减少，这不更好吗？

什么样的一些利益能驱使哲学家们，即驱使这些真理的热心的使徒们在十八世纪决心站到欺骗的旗帜即商业的旗帜之下呢？什么是商业呢？商业是具有其本身一切属性——破产、证券投机、高利贷和各种各类的欺诈——的骗局。最新的哲学原谅这一切可耻的事情；我们把这些学者希望到处应用的分析方法应用到他们的行为上来，就可以指出这种无耻的原因。

他们决心赞扬商业时，所考虑的只是黄金的重量、商人的庞大财富、财富形成的速度、与能对发展虚荣心提供最自由和最便利条件的那些情况有关联的独立性，以及推而广之到最蠢的傻瓜也能想出、并且在一个月内也能实行的那种丑恶的诡诈行为（如果把这种诡诈行为教给他的话，因为在商业上是不能教给任何别的东西的）上的高明投机手法；最后，还要考虑与国家要人相埒的那些证券投机者和囤积居奇者的豪华。所有这些灿烂的光芒，使那些在

第十章 论寄生现象

赚得几埃奇和得到屈辱性的照顾以前不得不多夜不眠和苦心盘算的学者们为之眼花缭乱。他们在普鲁特斯①面前弄得头昏目眩、神魂颠倒，他们在卑躬屈膝和批评之间摇摆不定。最后，黄金的重量在天平上占了优势：他们终于变成了商人最忠实的仆人，变成了他们自己以前曾嘲笑过的商人科学的崇拜者。

> 怎么能不赞美这些证券投机家，这些
> ……在一切秘密中只知道一个
> 五加四等于九，减二剩七（布瓦罗）②

的人们呢？他们初来城市时还穿着木屐，现在借助于这种科学，在城市中有大公馆了。人们在各个都会中看见他们和穷愁潦倒的学者们为邻，过着奢侈豪华的生活；哲学家被邀请到证券投机家的客厅里，出现在宫廷宠臣和各国大使之间。在这种状况下，如果不赞美现在的圣徒，那又去拥护谁呢？

由于哲学家们在文明制度下没有走上正直的生活的道路，虽然内心也在憎恨商业，但还是要跪拜在金牛犊之前，不敢写出不赞颂庞然大物的商业或无限度的商业的文章。

他们在攻击商业时本是可以稳操胜券的，因为他们如果揭发商业的强盗行为（他们内心蔑视商业，也如商业蔑视他们一样），就能恢复人们对于自己的尊敬，并能使自己在失败后复原。

---

① 普鲁特斯是希腊神话中的财神。——译者
② 布瓦罗（1636—1711年），法国诗人和古典主义理论家。——译者

对于这种强盗行为的分析,证明商人团体(应该注意不要把他们和工业家们混为一谈)在社会制度中不过是一帮联合起来的海盗,是一群掠夺农业和工业生产并在一切方面奴役整个社会的匪徒。

我虽不对他们一一作出批评,但我要说:他们不知自己的职业要归于灭亡,就算他们知道了,但在文明制度下谁又来斥责某一个掠夺者呢?因为这个社会是骗子和欺诈者的活动场所。

第十一章　由论证商业所得出的结论

让我们现在来作出结论吧！在结论中将可以看到商业制度怎样使我们离开两个过渡阶段或出路：

Λ——统一的复杂的垄断

V——正直的单纯的竞争

以便把我们在一切点（这些点是我们所努力避免的，其中特别是在表中所指出的五种垄断）上抛向后方。

这里我将以一些详细情节来预先支持我所提出的对于自由的和欺骗的竞争制度的责难，首先将简短重述我刚刚叙述过的四个特点，这些特点证明现代商业所追求的只是不顾一切的掠夺。

一、破产有利于商人对整个社会的掠夺，商人在破产中是从来不会吃亏的：如果是一个聪明的商人，他会考虑到破产的危险性，并按足以弥补所预料的损失的那种比率来安排好自己的收入；但如果他是一个轻举妄动的人，或在商业中性质上完全近似骗子的人，那么他就会毫不迟疑地宣告破产，并在宣告破产中把以前二十次破产所损失的都捞回来。由此可得出结论，破产的危险是威胁着整个社会，而不是威胁着个别的商人。

二、囤积居奇掠夺整个社会，因为被囤积的物品涨价的重担，最后是落到消费者头上，首先则落到工业家们的头上；工业家们被迫维持工厂时，只好在金钱上作出牺牲，不顾很少的利润来生产，为的是期望将来有一个美好前途；他们竭力支撑着每日所赖以生存的机构，只是到了很久以后，才获得当初囤积者很快就迫使他们忍受的那种涨价的机会。

三、证券投机掠夺整个社会，他们抽去资本，以便把它投到为最狡猾的投机家们带来巨额盈利的那种涨价跌价的肮脏投机事业中。自此以后，农业和工厂只有支付极高的利息才能得到生产上所必需的资金，而那些异常缓慢地和非常费劲地才能得到收入的有益企业，则被吞下了极大部分现金的证券投机抛在一旁。

四、寄生现象或过多的经理人通过两种方法，来掠夺整个社会，一种方法是从社会上夺去不计其数的工作者去从事于不生产的劳动，另一种方法是通过从无数商人自相火并中所产生的不道德行为和劫夺行为。这些商人的欺诈行为往往产生等于禁止①的障碍。

我认为，重提一下以前叙述的这个问题已足以充分证明：自由

---

① 我只从千百个证明中引用一个：我们可以看到俄国和中国商人的欺骗滋长到这样的程度，以致他们可以突然中止在恰克图、楚鲁哈图商店中的交易。莱纳尔说："俄国人把假毛皮交给中国人，中国人则把假金块和假银块交给俄国人。（这就是商人和文明人！）由于相互不信任的增长，曾使交易归于衰落，在一个期间内小得微不足道。"虽然人民的需要绝没有停止，而且国王们也未加以妨碍，不唯不妨碍，甚至给予商队以种种便利。

我所说的障碍之所以被注意，乃是因为它涉及大量的事情；人们发现整个商业部门在完全自由下，在欺骗行为的特殊影响下走向衰落。请看，这个普遍的欺骗行为在各方面产生了多少其他的障碍啊！一个不知道价格的人为了购买物品不知花了多少的费用、操心、不安和白费了多少时间呀！如果在预防措施、旅行等等上花了很大的费用，而还免不了在每次购买时受欺骗，那么你会想到如果交易在整个地球上都毫无欺骗地进行，那不知要节省多少时间和金钱。这样的行为从第七时期起能够发生，而第六时期在商业中已经就很少有欺骗这种事了。

第十一章 由论证商业所得出的结论

竞争只能在经济关系中——不只在商业方面,而且在商业所包容到的一切机械的、自由的职业内——制造诈骗行为。例如:

不到十年工夫,无政府的竞争几乎消灭了法国所有的大戏院;甚至在国内的第二个城市①也不能维持自己的剧院,很快地就仅仅能够保持供通俗歌剧或只供流浪喜剧者演出的街头临时剧场。来到我国大城市并只看见文艺横受摧毁情况的外国人将急于询问,什么样的革命把法国的戏剧由法国的怀抱中赶走了呢?人们将回答他,法国由于经济学家的教条而遭到了牺牲。罗伯斯庇尔曾说:"为了拯救原则让殖民地灭亡吧!"这些经济学家并不亚于罗伯斯庇尔,也跟着他说:"为了拯救无政府竞争的原则让戏剧和音乐艺术灭亡吧!"

无疑,在经济学家们说来是没有这样企图的,但是从他们所作所为看来好像就是要企图这样做,并且他们也没有规定出足以击退自由竞争必然给予大剧院的打击②的任何必要的措施。

---

① 国内第二个大城市指的是里昂。——译者
② 剧院处于现在悲惨的状态,这还只是文明制度的许多可笑事情之一。每个人都致力于复兴的计划,但在计划中表现出文明制度的人们一贯的毫无办法,他们只能想出比坏事还要坏的敷衍办法来反对坏事。

探索恢复剧院的办法,这是一件大家非常不关心的事情,因为文明制度已接近于自己的末日,而协调制度在全国的各郡内将培养出像我们首都最有名的演员那样的十全十美的演员来。但是为了使讨论只限于文明制度,让我们来看它在各个城市中是怎样容易获得自己喜爱的娱乐吧,我说的是建立一个有各种风格的好剧团,有几千个勒肯(法国知名的悲剧演员。——译者)和莫列(法国十八世纪最出色的演员。——译者),这样就能使拥有一万二千至一万五千居民的各个城市有像巴黎那样好的剧团;这种办法是很简单的,只要在专门的学校里培养演员,而不要期望由幸运的机会来创造演员,或期望由天上掉下来的现成人物。必须符合于基本原理:"天助自助"。

在秩序良好的制度下,国民教育应该推广到一切公认有益的职业中,因此在现代奢侈豪华的情况下,既然喜剧是最少危险性的娱乐,甚至是防范富人阶级(接下页)

一切的职业多少都受到对商业所容许的无限自由制度的腐蚀,这可用医药界和律师界来作证明。在绝对自由的年代里,我们

(接上页)容易堕入各种无节制行为的预防剂,所以好的演员就变得非常有益,而戏剧音乐大学的创立就成为刻不容缓的事,因为坏的演员是社会腐朽的源泉。他们用与热爱艺术毫无关系的主题来引起人们对戏剧的兴趣,他们的观众是一些专对卖弄风情感兴趣而对低级趣味的泛滥却漠不关心的常客;他们降低了杰出的作品及其创作者,歪曲和嘲弄了一切上演的剧本;最后,他们变成了习俗嗜好和国家文学光荣的灾难。由此可以推论,要么就是完全不要剧院,而向公众灌输另外一些习惯(这是不可能的),要么就是采取办法,成立演员养成所,正如成立其他各种工作人员的养成所一样,把剧院提高到完美的地步。因此必须在各个大城市设立有朗诵、歌唱和舞蹈三个戏剧系的音乐院,这种机构应该收容和发展那些贫穷孩子和青年们中被埋没了的天才。不是要巴黎的学校来教育马赛或布鲁塞尔的孩子,而是必须把学校配置在各个适当的地点,以便教养自然所播种在各个城市和乡村中的天才的萌芽,以及训练自然所认为最适宜于戏剧和抒情职业的人们。必须使他们在自己城市的大剧院里练习,这个城市也可因此不花费半文而大为增光;用金钱奖励的办法鼓励他们,这种鼓励可使贫穷的父亲不是窒息而是发展自己的孩子从幼年时候起所表现出来的对于艺术的爱好。

城市里充满了具有良好禀赋的孩子们,他们双亲可以把他们送到音乐院去学习,并将看见他们的孩子很快就能在剧院演出,有上千埃奇的薪金。这种机构假使组织得当,那一定可以在很短的期间内训练出大批优秀的演员来,他们的数目将变得像现在那些无教育的魔术家一样的多(后者的出现只是由于偶然的机会),并迫使有教养的爱好者放弃观赏那样低级的演出。但这种演出可达到光辉的成就,只要完全由受过正规教育的人们来演出,演出的方法也以学校训练他们的原则为基础,达到这种成就是可能的。

那时,时髦风尚的暴政不再能推翻艺术,不会再有演员、歌唱家或舞蹈家滥用亲热行为,把亲热行为的变化无常提高到常规的地步。与此完全相反的学校的传统,将能变成利用每一点天分的手段,并将对某种演员所采用的超过天才特征的胡乱革新加以抑制。那时戏剧将达到完美的地步,同时将引起习俗的良好的改变,并引起研究艺术的普遍的意向。好演员的大量存在,以及演出时的票价便宜可保证剧院的繁荣,刺激作家专心于创作本来是有益的而现在受忽视的好剧本。

那时,演员的地位也将显得光辉夺目,这种光辉将赋予真正有各种才能并把这些才能综合表现出来的人们。至于说到现在,如果这种职业受到为喝倒彩的喧嚣声所屈辱,那又何足为奇呢?供一些蹩脚的演员们在那里表演的舞台,使有充分教养的开明的阶级望之生厌;它所吸引的是无知无识的庸俗汉,这类观众完全谈不上正确的批评,只是使用卑鄙的专横手段,并以粗暴的态度来教训人,不过这种粗暴的态度正好符合被批评者的价值。但是在现时为什么大多数演员必须抱容忍的态度呢?如果一些人有权利喝彩,那么大部分演员没有旁的办法,只有抱着勇气才能登上舞台,因(接下页)

第十一章　由论证商业所得出的结论

看见庸医们走遍乡村，在让大家去竞争这种原则的掩护下害死了很多轻信的农民。另一方面，律师们仿效高尚的商业惯例，养成了

（接上页）为他们习惯于这种以牺牲某一不幸的城市为代价的战争，以最初的几次战斗行动来反对这个城市，但在另一个城市里，他们就除了使艺术在头三次的演出中能经住打击，并在两个星期以后使全体观众往往感到厌倦而都沉默无言以外，将一无所获；在此以后，如果这种职业被贱视，它被许多家庭所蔑视，那又有什么可以惊奇的呢？这些家庭可能把这种职业作为良好收入的对象！因为像好演员的这样有利可图的职位是很少的：我们看见他们之中的最平常的演员，就其薪金而言达到地方上第一级文职官员或武职官员收入的两倍。由此就可得出结论，在地方上不能维持大规模的剧院，因为纵然是中等水平的演员也越来越少，而对他们的要求却越来越高，所以有十万居民的城市，只能维持演民间滑稽戏或神怪剧的小剧院。
　　这种混乱状态使法国所受的损失比起任何一个其他国家来得更加严重，法国完全没有像德国和意大利的那些关心装饰自己府邸、罗致和鼓励演员们，并保证他们既有荣誉、又有金钱的各种宫廷人物。我们的各大城市就拒绝这样富丽堂皇的办法，因为它们的居民埋头于商业，他们的市侩的习气既不给演员以支持，亦不提供任何足以罗致演员的办法。巴黎以外，整个法国都是被流亡者居住的地方，抹杀艺术和天才的地方，因此我们有十万人口的都市还不及德国的小城市例如魏玛和哥达。在像魏玛这类小城市中，我们看到在统治人物美西纳斯这类人的庇护下科学和艺术怎样繁荣昌盛起来，相形之下法国的各城市是处在怎样可悲的状况呀！同德国和意大利的小城市比较，可以认为法国的这些城市是野蛮的城市，而不是文明的城市：在德国和意大利我们看到艺术之神住在宫廷中，而在法国则住在茅屋中。走出巴黎的境界，无论什么地方就科学和艺术上说来都是乡村。你走进里昂的博物馆，你将发现它所收集的东西比之于一个爱好古玩的旅行家所收集的还要少。你又随便走进里昂的图书馆，你将发现那里有成堆的书籍，但几乎没有一本现代的好著作。你又到里昂的缺乏任何装饰、只有三间土屋的植物园去看看，你会把这个植物园认为是可怜的天主教托钵僧的花园。这就是供给全国奢侈品的泱泱大国的第二个城市的纪念物吗？我可以不厌其烦地说，法国的一切都集中在巴黎；嫉妒的精神也鼓舞都聚集在巴黎的学者们，他们要在大城市的耻辱中求得满足，却从来没有为这些大城市提出过任何有益的措施来。他们期望降低一切以便使巴黎四周的黑暗放出光辉，期望使应该可以注入大河的一些小溪干涸，从而使首都本身无法振作起来；如果问题只谈到舞台演出，那么这个充分具备一切发展天才条件的城市、这个应该使这些天才散布到各地方去的城市现在处在绝望的状态中；它只是通过吸收自己所看中的每个演员和破坏各地方剧院的手段来维持自己的存在；假使它考虑到保证向各地方供应和它同样的设施，那么就可以看到很多的艺人回流到首都来，在那里竞相发展他们的才能，并且每日以形形色色的表演来满足首都的居民。巴黎所以拥有这许多最出色的演员应感激各边远的地方，因为试让巴黎想一想看，如果富于创造性的学校能够发展自然所散布在各处的、不唯可在各小城市中寻到而且也可在极小（接下页）

欺骗行为的习惯,他们在公共场所和司法机关门口劝阻农民或向农民兜揽生意。这本来是可尊敬的服务性职业,却用之于卑鄙的

(接上页)的乡村中找到的那些天才的萌芽,那么就可以知道巴黎能够搜罗到多少的演员了。

法国在艺术和文学方面应该维持平衡状态,并且经受得住那些受到王宫照顾的德国和意大利城市的竞争;我认为法国应该(假定文明制度还能存续下去)使各大城市与设有宫廷的城市看齐,并在可能的范围内保障这些城市有建筑王宫的优先权。但是由于法国是一个值得庆幸的统一的国家,所以现在各大城市还没有这种王宫。

为了使各大城市能向有宫廷的城市比肩,就须靠国家给它们以庄严的外表;这种外表之一就是博物馆,它应该收藏有巴黎博物馆所搜集到的最名贵的图画的复本;其次是图书馆,它应该拥有巴黎图书馆所有的一切优秀著作,这些著作是按照需要重印出来的;最后,应该毫不吝惜地为这些大城市建筑一些与科学和艺术有关的各种各类的机关,例如植物园、物理和自然历史研究所、国立剧院以及宫廷可能建立的其他机关(如果要把那里作为驻节地的话)。

假定法国在一个皇帝的统治下有二十个王,他将使自己的二十个都城增光(这种光辉的图景我已描绘过);因为有了一个统一的国家,那就可以节省因联邦组织而设置的那些机构人员所需的经费,可以保证这些城市至少拥有可能由现在这些宫廷所给予的有益的机构,并可以把这些城市置于在科学、艺术和文学方面成为我国竞争者的其他各国城市同一水平上,——这对这些城市说来并不算很大的报偿。

这些为正义感和民族自豪感所要求的措施却不能为法国的学者们所采用,狭隘的宗教精神怂恿他们只热爱他们所聚集的都市:巴黎是他们唯一关心的对象。这个可爱的城市把嘲笑它所一贯鄙视的各地方,引为自己的乐事。巴黎可以与带憎恨心的种花人相比拟,这个种花人看到与他所有的郁金香和风信子相匹敌的郁金香和风信子时,便将其拔除和摧毁。巴黎对于法国也如荷兰人对摩鹿加群岛一样,他们每年出发到这些岛上去,砍伐和消灭丁香花树和豆蔻树,使这类树木只能在安汶和班达群岛上生长。值得惊奇的是巴黎让有名的蒙培利叶医学校存在下去,这所学校在欧洲享有巴黎对于各地方的嘲笑所不能毁损的盛名。为了判断假定科学和艺术在这些地方都受到了鼓励时它们能做出些什么事来,这只要回想起日内瓦城在独立时期的情况也就够了;那时日内瓦在科学方面占着仅次于巴黎的地位(我只说法语占支配地位的城市);在艺术方面它也可以占同样的地位,如果它的伪善的习俗也允许培养艺术的话。那时我们的大城市——里昂、波尔多、马赛、南特——在科学和艺术方面还几乎毫无表现,因为科学和艺术只有在上层统治者的照顾下或者在有方法促使它们发展的城市中才能繁荣起来。

为什么要怜惜法国的各地方呢?它们奴性十足,认为把某一个艺人或某一件纪念品夸去装饰嘲笑它们的首都,是一件无上光荣的事情。这好像古代的伊斯兰教徒们,认为遵从伊斯兰教君主的命令而死是件荣耀的事一样,法国的各大城市一致地向巴黎人合唱:(接下页)

第十一章 由论证商业所得出的结论

目的,这就引起人们愤慨并迫使人们采取压制的办法,例如不顾自由竞争原则来重新审查这种团体会员的名单。

人们对这种自由也像对政治自由一样,在没有预见到漂亮的

(接上页)

> 先生们,你们吃我们,
> 这是给我们无上的光荣。

里昂、波尔多、马赛、南特对于被剥夺一切,对于在科学、艺术、剧院方面处于低级地位从来没有表示过惋惜。那里也从来没有想过要制定出使这些城市分享首都所享受的荣誉的任何计划。

可以欣慰地指出,首都因其所加于各地方的耻辱而受到了处罚;如果仅就戏剧和音乐事业来说,那就不知有多少的创作者遭受巴黎专横的迫害呢!他们看到他们的作品怎样在巴黎遭受判决后不容许申诉的那种黑暗的裁判,或怎样被反对他们的观众所嘲笑;他们由于在法兰西这样一个大国内找不到任何一个能重新审查他们的作品的城市,找不到一个在艺术上强而有力并能维持一个好剧院的城市,找不到一个意见能够与巴黎的意见相抗衡并能使巴黎那些常是很不公正的裁判失效的城市而经历着人生的苦难。

这是由于学者和艺人使各地方遭到不幸而招致自己受到处罚的千百种苦难之一。他们曾想以烦恼来虐待旁人,并在对待巴黎的关系上不遵守自己曾大叫大嚷的抗衡原则,因而现在不得不经常受烦恼的折磨了。

首都舆论的专横以及无数的丑恶行为(这些行为在这个它们能形成和表现自己的唯一的战场的这个城市中,是必须征服一切天才的),不知窒息了多少正在成长的天才!据说沙基尼由于看到自己的作品《埃及普》(这是法国第一流的歌剧家)被人喝倒彩时,即忧闷而死;——由此可知有多少杰出的作家被巴黎观众的专横的阴险行为所埋葬!难道首都未曾窒息过相互的竞赛并使法国丧失大量优秀人物吗?这还有什么疑问呢?假如几个城市之间存在竞争,使这些人物能避开巴黎的专横,并保证他们在自己的作品方面受到公正的评判,那么,他们一定能成为出色的人物。

在未曾创立戏剧音乐大学因而犯了错误之后,现在让人们像读哀歌似的滔滔不绝地来谈论文学、戏剧等等的没落吧!一切都是由于这种机关的缺乏而引起的,如果各大城市在和首都竞争时设置了这种机关,也许我们所丧失了的那些天才早就成长起来了。如果嫉妒和卑鄙的吝啬的动机还反对这些机关,那就请你不要再抱怨文学和戏剧的没落,人们会回答你:国家不想要发展天才,所以它现在没有天才,这难道不公平吗?一个拒绝先拿出种子来的吝啬者,不能从他并未栽种一根幼芽的土地上收获任何东西,这难道不公平吗?你忽视创立音乐院来普遍培养散布在孩子中的天才时,就是模仿这个吝啬鬼的榜样;由于缺乏这种措施,你变成了立在自然所散布在你面前的财富中的穷人;你也像占有金砂矿床的蒙昧人一样,只满足于泉水所冲出来的一点点金砂。

哲学学说将会把他们引到何处去之前曾经轻率地加以利用。现在人们开始认识到错误,但为了改正它,又犯了更加愚蠢的错误,他们在改正错误或犯错误时,总是把商业利益与工业生产的利益混淆起来,殊不知商业正是工业生产的真正敌人。

把这两者加以对照,就可知商人作用的微不足道和工业家的重要性,而人们却想把两者的利益混淆起来。工厂的指挥者很容易排除商人而代行其职务,因为他们可以直接购买原料,直接批发成品,或者派遣自己的办事人员去执行购买和销售的业务;可是商人就无论如何也不能代替工业家,没有工业家就无论如何也不能从事生产。

如果任何一个城市,如闹鼠疫时期的马赛那样,失去了它的商人们,只要情况仍需要商业,那么新的商人又会布满这座城市。但如果一个城市,像卢汶所发生的情形那样,失去它的工业家时,那么不见得新的工厂主会把自己的工厂迁移到那里去。只要哪里可以自由地做生意赚钱,那里一定有很多商人出现;但工厂却不是可以随处出现的,虽然那里一切都对它有利,并有获得成功的希望。假定工厂主都离开国内,那就将使为这些工厂服务的一切原料商和代售商都无事可做,可是一切商人的离开并不会引起任何工厂的停闭,如前所述,工厂的指挥者及其职员在必要时可以代替商人。

所以,移居到德国去的法国新教徒并没有为另一批天主教徒的工厂主所代替,而工业也就和他们一起离开了祖国;假如路易十四当时只放逐商人和银行家,而把工厂主作为例外,那么在下一年内将有同样多的新的天主教徒商人来代替新教徒商人。法国遭受了人力和金钱的损失,这是可以挽救的,但遭受工业的损失,这就

第十一章 由论证商业所得出的结论

不可挽救了。我们看到一切强国怎样坚持不懈地把自己的商人安置到东方各民族中，而没有一个强国愿意把工厂主从欧洲安置到东方去的；恰恰相反，它们希望从中国和印度把工厂主吸引过来，但很少关心从这些国家把商人和航运业家吸引到欧洲来。这种对比的说法越多，就越能使我们确信应该把商人和银行家置于严格的管制之下，使他们只限于从事如我所说的那些有益的事业。如果依照经济学家们的意见给他们以无限的自由，那么他们将把自己的资本用来反对生产；并将仿效一个无纪律的士兵那样去干，后者一旦摆脱了受处罚的恐惧心理时，就会立刻开始掠夺他应该在那里维持秩序的祖国。

要使现代的人们对自己的偶像发生疑问并承认应该完全改变万恶之源的商业制度，那还得需要经过相当长的一段时间。

人们可以指责我说：与其高谈罪恶，还不如说出防止这些罪恶的方法来，并且说我应该尽快地阐明足以根绝一切商业掠夺行为的协作社社会竞争的学说。

我回答这种指摘说，我的目的不在于改善文明制度，而在于消灭这个制度，并引起发明更完善的社会机构的愿望，同时证明文明制度在个别方面也像在整个方面一样是荒谬绝伦的，与理性的完善相距甚远，因此，现代的人们愈来愈陷入政治的愚蠢行为中；最好的证明是他们最近发出的关于兄弟般的团结和商业精神（理性与自然同时都反对这种精神）的呓语。

自然在它所赋予人类的一般动机中是从来不会使人发生错觉的。当大多数的人民都蔑视商业这种职业时，当这种蔑视是为自然的本能所指使时，那么，应该相信在被轻视的对象中包含有某种令人厌恶的隐蔽着的本质。

谁是更有理性的人呢？是尊敬商业的现代人，还是蔑视商业的古代人呢？商人和强盗（Vendentes et latrones——拉丁语）——这是把这两个范畴混为一谈的福音书上所说的。以手杖为武装来驱逐商人的基督也这么想过，并以完全合乎福音书的坦白态度向他们说过：你们把我的房屋做了贼窝——

你们把它当作了贼窝（Fecistis eam speluncam latronum——拉丁语）。

美妙的古代把商人与盗贼合而为一，把他们都置于墨丘利神[①]的庇护之下是与耶稣·基督的意见一致的。似乎在那时候商人的地位近似一个卑贱、无人格的人的地位，所以圣克里若斯托就说：商人是不可能为神所喜欢的；因此一切职业的优秀人物甚至如圣伊夫[②]这样修道院的管家人也可以进入天堂，但是不允许商人进入天堂。

为了把古代人的意见拿来和现代人的意见相对比，我引证了这些琐事。但我决不赞同古代人的这种夸张的说法；驱逐和羞辱商人也像现在把商人捧上天一样的可笑。这两个极端中哪一端比较不那么荒谬呢？我的意见是赞同古代人。

如果说最新的哲学是真理之友这句话是对的，那么它怎能对整个社会中最虚伪的商人阶级表示好感呢？……

---

① 墨丘利神是古代罗马的商业神。——译者
② 圣伊夫（1040—1116年），法国天主教的大主教。——译者

第十一章　由论证商业所得出的结论

……商业的精神使政治和人民的道德腐化。迦太基和英国就可做证明：它们的欺骗政策——布匿的忠实（Punica fides——拉丁语）[①]——已是人所共知的了。至于说到商人的性格，那么我想以犹太人的性格为例，在《伦敦景象》一书中对这些犹太人有如下的描写："二千五百个犹太人在街上和公共场所跑来跑去，唆使家庭的孩子盗窃自己的父亲，使佣人盗窃自己的主人，然后以成色很低的银币购买偷来的东西"。

尽管商业有如此多的必然引起一切正直人们愤慨的丑恶行为，尽管在分析商业职业时理性已向我们指出它的寄生的、次要的和腐蚀的中介作用，但我们看到在近代的人们中间商业还是登上了舆论的宝座。这也是理所当然的事，因为文明制度在实质上是帮助背信行为的；在商业的影响之下，这个制度正倾向于更丑恶的、更背信弃义的经济制度（我准备指出这个经济制度的根源）。

但是，我懂得当我还没有把一种机构（这种机构足以代替商业，并在原来欺诈的和可笑的商业活动的地方建立起正义及善良制度的王国）介绍出来以前，我的批评性的意见当然是不适宜的，甚至于是令人愤懑的。因为我揭发了不敢作这种研究的那些学者的胆怯，而他们在拥护商业时却胆敢称自己为真理之友。

在学者们贫穷破产的情况下，有些统治者曾试图采取消除商业无政府状态的手段，但结果是由一害发展到另一害，即代替无政府状态而来的，是一些有一定人数的团体，这种手段比之坏事本身更坏；在政治俱乐部以后，只有这些团体可算得是文明制度的最有危险性的革命酵母。

[①]　布匿的忠实是表示不忠实或表示时常背信弃义的代用语。——译者

第十二章 趋向于七种垄断的商业制度的倾向

一个领港人建议避开沙滩,但他所领的一切船只却都陷入了沙滩,对这样的人我们作何感想呢,关于他的作风,我们可以这样说:这是极端的无能或极端的阴险。

现代商业制度的拥护人,在这两者之中必居其一。从他们那方面来说,到底是无能呢?还是阴险呢?实际上他们既是无能又是阴险,因为他们使人间充满无限的灾难,却还想保证我们不受灾难、其中也包含不受垄断的侵害。

关于这点我将责难他们,因为七种垄断中的一种垄断——英国所实行的单纯的海洋垄断是他们进行猛烈抨击的对象。但是当证明现在的制度为这些罪恶中的每一种罪恶在或多或少的程度上都建立了王国(例如为第二十九种罪恶——建立腐败堕落的王国)的时候,为什么仅仅高谈阔论地反对商业三十六个特点中的一个呢?化学越努力于扩大科学的范围,商业也就越滥用天才的成就来恶化一切产品,例如:把芜菁汁混入砂糖内,把菊苣混入咖啡内,伪造各种食品和饮料,在颜料掺假和根据化学上的成就来扩大欺骗统治的范围,这难道还没有得到证明吗?怎么能使商业的这些阴谋诡计与答应把我们引导到最高真理的王国的那种科学的要求相调和呢?如果已证明生产愈来愈陷入

第十二章 趋向于七种垄断的商业制度的倾向

欺骗的迷途,那么对我们的经济学说不是无能或不是阴险还有什么怀疑呢?

我认为可以把这些论据应用于表中所列举的三十六个特点中的每一个,例如应用于破产。不错,商业学说向我们保证有达到完善地步的能力时,它没有要促使国家的和个人的破产成功的打算;然而不可争辩的事实是:在一切社会的罪行中,破产在国家的和个人的应用范围内都获得异常迅速的成功。

因此,我们的科学领港人如果不是阴险的,那就完全是愚昧无知的引导人;我准备以关于众人所一致责难的对垄断的研究来论证如上的指摘,并证明现代制度为了培植五种单纯的垄断(商业垄断一览表中第二十二至第二十六项),力求使我们避开情欲的复杂垄断,或使我们避开摆脱这种状态的特点,这种特点也许就是由文明制度到保证制度的十分顺利的过渡。

在进入讨论这个问题以前,让我们先来了解一下人们答应我们可以预防的其余五种垄断的一般趋势。

一、商业三十六个特点中的第二十二个特点,团体垄断或排他性的联合垄断。集中的制度愈来愈走向于这种垄断。我们可以看到,以前的各种职业团体现在又重新抬起头来,并组织新的团体,它们利用国库的空虚,以极少的代价取得各种特权。可以证明,交易所经纪人和商业经纪人的特权只要用以前所付的代价的四分之一就可以得到,现在称为商业交易所的这些经纪人的垄断组织,在各大城市中数额上已经增加一倍,并插足到1789年还没有这类垄断组织的中、小城市中。因此,这种垄断组织也如其他在国库的需要的鼓励下建立起来的许多垄断组织一样,在逐日增长之中,因为它根据这些特权很容易支配国家的需要。

任何一个有一定人数的会员的联盟都使两种竞争——工资竞争与竞赛竞争——归于消灭。由最近证实的例子可以使人充分相信,竞赛是可以把他们服务的价值降低到适当的价格水平的。但发生的事情恰恰与此相反,他们达成协议来把自己的收入提高到令人难以忍受的程度,使得政府认为有责任来制止他们利用工资率的行为。甚至在这种工资率被遵守(实际上并不经常是如此)的时候,这种工资的规定也不能引起竞赛性的竞争,因为任何一个有一定人数的会员的联盟,看到公众有的事情必须经过它的手的时候,就认定自己的利益在于折磨公众和按自己的方便去做那种无须担心有竞争者的工作。你试去查一下某个港口上的有一定人数的码头工人,你立刻会发现他们如何联合起来控制和掠夺商业的情形;所以商人们就最怕这种服务人员的排他性的联盟,而每个大商人也正因此要包庇没有地位的人们作为商业经纪人和交易所经纪人;他知道在没有竞争的情况下,很快就会看到排他性的特权人物陷入对什么事都满不在乎的状况,他们迅速地变得忽视一部分费力不讨好的工作,只从事于有利的和容易的事情,以及最后把商人弄到要做不合自己口味的事情的地步。加之,对于大商人们(他们是社会上最自由的一部分人)来说,要受那些能告发他并在他利用旁人的服务时就能使他受到惩罚的那种经纪人的约束,也是一件很难堪的事。主人受仆人约束的那种滑稽的安排就是这样。假使大商人们稍有自尊心,那么他们就会达成协定,各自取消这种令人难以忍受的经纪人,直到这种经纪人要求改变自己在一切方面都违反理智和正义的特权的时候为止。

第十二章　趋向于七种垄断的商业制度的倾向

在排他性的联盟所产生的许多舞弊行为中,我只想举出一种,那就是归根到底以开除来威胁一切最值得允许加入的候补者。真的,这种情形是这样:

假定当特权限制某一个城市的医生人数为三十名,而当团体的联盟会员已经满额的时候,布尔哈夫①还是一个青年人。因此他永远不得开业。原因如下:

他最初忍耐等待,等待三十个名额中出一个空缺;这个日子终于到来了,但你不要以为那时候他的才能一定可以使他开诊,因为空缺会已经给了特权人物的某一个亲戚或朋友占去,或许给了一个比布尔哈夫早一天到公会事务所去的狡猾的懒汉占去,因为大家知道,努力研究科学和受尊敬的人是素来不擅长玩弄阴谋诡计的。加之有一定人数的公会希望毫无麻烦地享受自己的特权,他们害怕自己的环境里出了很有才干的和很有精力的同事,因为这些人的竞争对于他们是麻烦的和不利的。这些考虑在对布尔哈夫的关系上就无异是排斥他的动机;他将因此而不小心地发点牢骚,因为有才能的人很少有应付文明制度的阴谋所必要的那种机智;他的抱怨会愈来愈使他与他的公会疏远,而事情的结局是完全拒绝他加入公会。

可见,有一定人数的公会组织,归根结底是力图排斥最有能力的人的;有能力的人在受过几次不公正行为的教训以后,就不敢再等待有新的出缺机会,也不再重冒被新阴谋所排挤的风险了;他们将献身于其他的职业,在那里偷安一生了,这对社会是何等的损

---

① 布尔哈夫(1668—1738年),荷兰医学家和化学家。——译者

失,因为一个人一旦不站在自然为他所预定的岗位上时,就会成为毫无用处的人。

在有竞赛组织的情况下,这些垄断组织也许不能为非作歹,可是在现在人们只有根据特权和令人难以忍受的规章才能够创设团体和同业公会。因此文明制度的人们,一方面大谈其反对垄断组织,同时却只是容忍垄断组织的那些罪恶规定,而从来不采取任何有益的措施。

二、商业三十六个特点中第二十三个特点,官方的垄断或政府的管理,很显然地正在力图加强中。在一切国家中国库都需要开辟新的财源;在这一方针下就只有增加国营企业的数目。国营企业几乎在一切的国家中都控制了烟草和盐;而在有几个国家中,它们还控制了酒及其他几个商业部门,甚至水的买卖(例如在波斯)也掌握在国营企业手中。形势愈来愈有利于国营企业数目的增加,因为商人的欺骗已发展到如此令人愤慨的地步,以致所有的人都认为国营企业的欺骗不可能大过商人的欺骗,而是相反的,在实行垄断的情况下很少有弄虚作假的机会。例如,我可以不怕遭到反驳,说假如在巴黎、伦敦那样的大城市中,液体(葡萄酒、烈性酒、芳香酒和油)的出售交给政府管理,那么质量上欺诈的事情就会少得多,而对所需要的物品,只要出适当的价钱就可以有极大的保障使你得到,这在向商人购买东西时,就没有这种可能性,因为无论你出多大的价钱,他们也是要欺骗你的。所以国库在增加垄断组织的数目情况下具有使消费者得到满足的诱惑性。当国库不能取得其他更多的资源以应付日益增加的需要(假如欧洲爆发大陆战争,那么这种需要将更为迫切)时,它是否可放弃对垄断组织的利用的机会呢？既然在文明制度下战争是一种周期的现象，那么很明显在最近的一次战争中政府的管理将不得不包括液体和殖民地商品的贸易。为什么糖和咖啡比之于本地出产的烟草和盐可以更自由地买卖呢？如果烟草和盐这两种商品应该加以垄断而又对生产没有显著的不便的话，那么把糖、咖啡、可可、蓝靛包括在垄断的范围内，其损害程度就会少些——这一切情况都要求国库来控制这一商业部门。

三、商业三十六个特点中的第二十四个特点，殖民地的或异国的垄断。如果这种垄断组织日趋缩减并处在崩溃的威胁下，那么这不是很想保持这种垄断组织，并在有条件解放的情形下不愿意使自己的顽固性弄到愚蠢地步的欧洲人的过错。其实，几个殖民地的解放绝不是这种垄断组织的真正缩减，因为它们重新间接地落到英国的保护之下；它们仍然是欧洲的附庸，并且由于它们不得不赋予英国以种种特权的结果而被课商业的什一税。因此这第三种垄断组织随着殖民地生产的发展正在增长中，虽然这种生产在圣多明各遭到了一些挫折，但在其他的地方特别在巴西则大大增加，并且不管解放战争[①]的结果如何，还是迅速地增加着。

四、商业三十六个特点中的第二十五个特点，单纯的海洋垄断。这是现时揭发性的演说家们所反对的那种垄断组织；这种对它的威吓声，经常可以听到。但这些反对贪财的奥比恩[②]的贪得无厌的野心的高论，是多么平凡啊！他们使欧洲各国的内阁都受

---

① 傅立叶在这里指的是巴西的解放运动。——译者
② 奥比恩是古代克尔特人对英国的称呼。——译者

到英国的嘲笑,并且陷入了同一个圈套中。

我完全用不着来证明这第四种垄断组织正走着上升的道路,因为它攫取了一切而用不着归还。欧洲也曾一度装出要抵抗的姿态,因为三个强国——荷兰、法国、西班牙——都有舰队;甚至北欧在武装中立时期也保有若干支不大的舰队;但现在在欧洲只有并将只有一支海上舰队。假定文明时期还继续延长下去,大概英国将不允许欧洲任何一个国家恢复海上舰队。英国垄断的唯一变化是英国不得不与美国共享这种垄断;欧洲人在商业方面还停留在那一种要怎么可笑就怎么可笑的被奴役的状态中,人们完全可以愚弄他们,正如愚弄一只被留在狐狸穴中的山羊一样:

努力由这里逃出去

用尽你的一切力量①。

这并不意味着已经存在某一些极容易获得解放的斗争方法了,但这些方法都是包括在文明制度的政治对它毫无认识的第六时期——保证制度的范围以内的。所以文明制度的政治就像落在陷阱中的狼一样,感到惊慌失措。巴黎反对贪得无厌的奥比恩的那种深刻的痛骂,再也听不到了;文明制度承认自己受了愚弄,因而保持镇静。这就是现代政治的滑稽的收场!这种政治本应该引导我们掌握一切完善的能力去改进波动、平衡、无限制的商业均衡,以及为了商业的福利而没有商业界朋友的限制的那种商业的均衡。所有这些商人式的空谈就像贝莱特关于她的牛奶罐②的幻

---

① 引自拉·封丹的寓言《狐狸与山羊》。——译者
② 贝莱特是拉·封丹的《卖牛奶的女人与牛奶罐》中的女主人公,她成了一个脱离现实的幻想者的化身。——译者

想那样地破灭了。由此,就只有确信当文明制度还存在时,枷锁是不可能打碎的。试想大陆上拥有海军舰队的列强得到了什么东西呢?它们充其量只能像拿破仑一样,建造与英国水平相等的海上舰队。它们刚刚要试图超过这个限度时,它们的舰队就会遭遇接舷搏斗,结果只给它们留下几艘,或许是为了供海上警备方面的合作之用,或许是为了供鼓励它们再造新舰,以及在造船事业上利用它们的人才之用。

五、商业三十六个特点中的第二十六个特点,复杂的封建的垄断。在如下三种联合的刺激力的影响下人们正大踏步地趋向这种垄断:

国库的拮据

证券投机的影响

贵族偏见的衰落

这三种动力(我不作详细的考察)使封建制度以复杂的方式,即在大商人、证券投机家与贵族的共同参加之下复活起来。

结果证券投机家虽然仍留在平凡的商业队伍中,但成了需要给他们这些巨头以特殊贵族头衔的重要人物。国王们都感觉到给他们滥赐爵位和勋章是有益的。如果文明时期延续下去,由于环境迫使国库不得不扩大国营企业的垄断,甚至像我在国库的垄断一项中所指出的那样,要使国营企业成为无所不包的企业时,那时这种新元老院就会产生。

如果文明制度为了要引起这样的社会灾难,而拖延了两千五百年,那么难道它还不能产生其他许多难以预见的灾难吗?最险恶的是商业的封建主义,或是把商业完全移交到结成联盟和具有排他性的特权的公司手中。

两个极端是一致的；商业的无政府状态愈是增长，人们就愈向往相反一端的世界性的特许权。文明制度的命运就是这样的：经常动摇于两个极端之间，而不能坚持英明的中庸之道。

很多的情况吸引大商人结成团体，组织封建性的公司或排他性的垄断者联盟，这些垄断者与大土地所有者达成协议后，就能把一切小土地所有者变为商业的附庸，就能借助于阴谋而控制全部产品。小所有者不得不间接地依照垄断者的意旨来处理自己的生产品；他变成了为商人的同盟而工作的伙计；归根结底，可以看到封建主义以相反的方式，即不以贵族联盟为基础而以商人联盟为基础而重新复活起来。

一切的人都参加制造这一个结局的阴谋，因为大绅士们都浸透了证券投机精神；破落的贵族们都在商业的阴谋中寻找娱乐；古代骑士的后裔都以巴勒姆①的知识和肮脏的证券投机为荣，像他们的祖先以决斗为荣一样。舆论界都俯伏在那些称为市侩的人们面前。这些人在首都地方与各部大臣分掌政权，每天都在发明用租借形式把某一经济部门攫为己有的方法。在他们的影响之下，政府虽非本身所愿，但也要力求攫取人们部分地侵入的、并且满心希望借助于普遍租借的方法来整个地加以攫取的那种商业。因此，一切保证商业自由的漂亮的诺言完全类似臭名远扬的共和党人的宣誓，他们发誓至死憎恨王权，但他们所努力的不是别的，正

---

① 巴勒姆（大约 1630—1703 年），算学、簿记学教科书与通商参考书等的著者和出版者。——译者

第十二章 趋向于七种垄断的商业制度的倾向

是登上宝座。

侵入商业曾是拿破仑的密计,他急不可待地想攫取商业。似乎他只想攫取英国的商业,但实际上他的志愿是在全欧的商业。我把这一件事作为他的功劳,因为他曾做了许多破坏性的行为,以致必须对他的这种深谋远虑的企图表示赞许。由于他是一个文明制度的宠儿,他因而希望攫取一切,并不放过向那些大强盗们,即向那些拿为祖国幸福作幌子每年在投机勾当中赚取五千万法郎的人们瞄准的机会。拿破仑清楚地看到了这种欺骗行为,但他不知道怎样攫取商业,他主要被商业的第十一个特点——不景气或信用的丧失即反推动力所吓倒。因此在谈到他时我常说:他正好需要我这样的人,只有我一个人掌握了他所寻找的秘诀。简而言之,他为天生的贪欲所推动,自己也不明白自己在力图组织文明制度的第四阶段——封建的垄断,或组织两个大藩臣阶级(即大土地所有者与大商人或商业的包销人阶级)的复杂的贵族制度。

假如文明时期还能继续下去,那么财政上的紧急状态也许将迅速引起再度采用上述方案的必要;那时也许将产生大批商业上的总包销人或国库企业的领导人,即真正的商业贵族。自此以后封建主义将以复杂形式复活过来,并把领土上的大藩臣同经济上的大藩臣联合起来。这种形式是文明制度的第四阶段。他消灭了成为第三阶段特色的自由商业。各个特点随着由一个阶段到另一个阶段的需要而变更其形态,因此谁要想确定文明制度第四阶段的各种特点,谁就可以看到它们是以像我曾在某一张表中所指出的那种顺序的形式分布在第三和第四阶段中。

两个大私有者阶级的联盟正在着手建立力图集中一切并加速

攫取一切的现代政治组织。这个联盟已被这一点所吸引,因而不可能再向后转。阻止它的唯一障碍,是它不知道如何做法;它不了解社会运动,而且不善于在新的行动,例如在攫取商业这种行动中规划出适当的行动方法来。我们可以毫无保留地把这个方法指示给它,因为所有这一切行为的完成比之于取得财货的行为需要更长的时间。一个大臣可能经常比较喜欢协会制度的建立,因为由此他可得到无限的光荣和极大的好处。但他还是好奇地要想弄清楚为了过渡到第四阶段(由于上述的三种原因必然把文明制度引到这一阶段上来),文明制度可能要走什么样的道路。社会的各个时期是服从于一般成长的规律的。文明制度已经走完了它年富力强时期的道路,因此假如这个制度再延续下去,那么它将走入第四个阶段和凋谢时期的各种特点中去。

我在本章的标题中所标出的是七种垄断,而在商业特点的一览表中则只列出在本章中所分析的五种;但如果把它们区分为直接的与间接的,那我们还是可以举出七种来。已经说明的五种是直接的,至于那两种间接的,可以用另外的名称指出它们,即:

囤积居奇或物质计划上的间接垄断;

证券投机或理想计划上的间接垄断。

囤积者事实上是垄断者,他占有商品,目的在于使价钱增加一倍;假如他手中有武力,他还将做出什么事来呢?他也许会用第三十四个特点即名为征用的办法来行事。但是他的囤积行为已等于他不能借助于暴力来实行的一般的征用,因为当他停止四分之三的商品或二分之一的商品流通的时候,所发生的事情是,另一半商品的持有者原来实际上和他勾结在一起,目的都在于要把价钱提

第十二章　趋向于七种垄断的商业制度的倾向

高到两倍。而在这一种情况下，甚至土地所有者也成为组织这种人为涨价的那帮商界朋友的同谋者，这一阴谋是比使一切生产者平均负担的征用的办法更卑鄙，其实囤积居奇把受过另一半商品持有者欺骗的那些负债累累的和急于出售产品的人变成了一群傻瓜。另一半商品的持有者们保持着自己的存货，进而与带来打击的高利贷者争夺利润。可见，文明制度的机构在一切方面都只是一种巧妙地掠夺穷人而发财致富的艺术，因此宣传家们和煽动家们在宣传这些不可争辩的真理时玩弄了一个得意的花招；但是恶棍们就很少批评恶事，也不会说出反对恶事的方法，因为他们只想参加分肥。

证券投机是为了要达到囤积者用直接攫取物资的方法所达到的那个目的而依理想计划而行事的另一种间接的垄断。证券投机专靠诡计而行事。一个商界朋友想出诡计来笼络舆论；他暗中指派一名特别的通风报信者公开出现，这个人秘密散布虚假的消息；另一些受委托的人出来帮腔和制造恐慌；诡计成功了：价格暴跌或暴涨了；保守秘密的骗子们就进行买进或卖出的业务，并受报纸所吹捧，送给他们一个深思者的美名，其实这些人不过是人为地造成物价波动而应该判处劳役的骗子而已。称为囤积居奇和证券投机的两种间接垄断所采用的手法是不一样的，一个是大量攫取，另一个使用诡计。

我已经说明了七种垄断，现在可以对本世纪的愚昧无知下一个判断了，这一世纪没有意识到它的商业政策在一切方面扩大了各种的垄断和它所假意谴责的其他种种罪恶。这个政策还高谈阔论地反对为害最少的事情；因为这样被人侮辱的英国垄断，仅仅征收了它所经手的商品的五分之一。而在1810年的协定中,它甚至同意征收百分之十五,即只等于六分之一,每一艘船可以按这个比率受掠夺。这是不太过分的什一税,如果明了这种垄断的目的,那么由它所引起的哀鸣看来完全是荒谬的。它老早已遭到指摘和批评,可是谁也不能对它下个判断,甚至英国本身也是如此。对于构成我们主题必要部分的新的讨论的对象,要分成两章来说明,也不算过分,因为如果不了解欺骗性的商业机构,那就不可能指出和谐制度下的商业统一性的图案来。

第十三章 论在粗暴的或破坏性的高潮中的海洋垄断

文明制度下引人注意的一切问题中,我认为再没有一个问题比海洋垄断或航海垄断的问题更具有迫切意义了。要知道我们的竞争者由于商人的嫉妒心,由于为了砂糖和咖啡所引起的争执而在我国引起了推翻王座和神坛的革命,这个革命把国王和地主送上了断头台,并在把欧洲长期淹没在血泊中以后,还重新喷出火焰,并且在火山上维持政治上的平静,当人们只能拿封建的专制政治而不能拿社会的天才去对抗这座火山的破坏作用的时候,这座火山所起的破坏作用是绝对不会停止的。如果认为现代的苦难是由商业上的嫉妒心所引起的那种说法没有争辩的余地,那么分析海洋政策方面所犯的错误,并把一线光明引入现时恐怖的迷宫中,即引入垄断的道路上,就变得非常重要。因为英国自身的行动没有任何基本的原则可循,只是沿着这条垄断的道路盲目地前进,而大陆上各国的内阁没有办法来制伏它,虽然压在它们头上的经济上的奴隶状态应该刺激它们去寻求摆脱迷宫的出路。

我打算指出三条出路,这三条出路的顺序如下:

一、从粗暴的垄断过渡到统一单纯的垄断;

二、从统一的单纯垄断过渡到统一的复杂垄断;

三、从统一的复杂垄断过渡到单纯化的竞争或过渡到第六时期即保证制度的商业方法。

我们所考察的对象与在协作社制度（第七和第八时期）下所建立的三种统一性的第一种，即商业的统一性问题有密切的关联，但既然在关于垄断的这三章中，我们的视线只注意到走向第六时期，即保证制度的趋向，所以我们必须把注意力集中在文明制度政治的观点上。大多数读者们的意向在颇大程度上也是这样的。

他们中的每一个人都吹嘘自己是公正的，我现在要求他们兑现。假定他们是公正的和没有偏见的，能有一刹那时间不去诉诸自利心和自尊心，那么就请他们把国家的和个人的利益忘却一刻钟，以便来阅读这三章。

难道这算是对法国读者们的过分要求么？他们的国民自豪感已变成了非常温和的欲望。

但是，法国是一个企图反抗英国的国家。另一些敌人——荷兰、西班牙及其他——都是些非常次要的敌人。所有这些企图都被英国垄断的胜利所摧毁。人们都认为英国的垄断是有害的，但我打算提出相反的意见，并证明这个所谓的暴虐行为是神授的善行，虽然这种垄断对于英国人来说是一种耻辱，因为英国人在实行这种垄断并且有可能按统一性方法而行动时，却只局限于用行动方式来推翻统一性，即只局限于粗暴的垄断。

可是既然文明制度的智慧不能在垄断方面提高到粗暴的发挥以上，那么关于这一点我们就不得不向它说句赞扬备至的客气话，即认为它实现了商业压迫，实行了极英明的策略，它不对的地方只是在于它抑制了自己的热情。我打算责备英国的那种罪行就是如此；虽然无疑地它所期待着的是完全相反的责备；我将在两章中向

第十三章 论在粗暴的或破坏性的高潮中的海洋垄断

它指出它犯了缺乏热情的过错。

我们先由单纯的垄断或不知道应用单纯垄断（由此可以过渡到复杂的垄断）的过错开始吧。

航海的垄断和一个海岛凌驾于广阔大陆之上的优势，这无疑是对许多民族的侮辱。但如果由于妄诞的骄傲使我们看不清我们的社会的无能和文明制度的荒谬方面，那么难道不需要让神利用某种使集体失宠的方法来对我们作规劝性的警告吗？

神正是为了消灭这个可耻的社会，才使这个社会在自己的发展中产生处罚自己和侮辱自己的工具——［粗暴的］海岛的垄断。

但是神在自己的行为中并不以达到单一的目的为满足，他所加诸现代人的那种灾难实现着两种职能：在科学上消灭他们的骗子手和给予社会安宁以复兴的方法（我打算介绍这些方法）。这种海盗行为，这种一个海岛蹂躏整个地球的强盗行为是神的处罚，同时又是神的善行，是显出极有智慧的神意的措施。我们将知道这种垄断为我们开辟了走向社会统一性的各种道路；这些道路中的任何一条道路都没有为人所注意到，因为哲学家的充满商人精神的体系在这一方面缩小了一切智慧，并且由于滥用神所赋予我们的那种消灭灾难的方法，反而加深了人类的不幸。

人们非常拙劣地指导现代的垄断政策，也正如非常拙劣地反对这种政策一样。采用这种政策的英国没有理解它的理论；英国不能从它所有的可以奴役全球的机会中获得任何利益。英国仅仅拿出了一个计划，却没有想出执行它的方法来。而在作为英国劲敌的法国人中间也充满着同样的无知。

［粗暴的］海岛的垄断，虽然它所使用的原动力是不纯正的，但

与文明制度的方法中最公正的方法比较起来还是合理一些,因为这种垄断向往着一个在政策上唯一值得称赞的目的,那就是全球的行政上的统一性。

就这一点来说,垄断是神所给予全球的繁重累人的工具,也是可以在短期内走向幸福的开端——进入第六时期的工具。可是,由于成为侵略者的英国人的无能和在大陆上指导抵抗的那些经济学家们的无能,使垄断发生了最缓慢的和最带破坏性的转变。这种双方受迷惑的状态,并不含有任何可以使人感到诧异的东西,因为成为进攻和抵抗的两个中心的英国和法国,是全球上哲学的两个主要发源地。因此它们必须互相比赛无能,争着向最迂回曲折的道路上前进,并在未达到终点以前,日益使纠纷加剧。

在研究垄断时,对于垄断的发生,或政策所可能给予垄断的各种发展方向上的特殊问题,都应该值得注意。我们先谈垄断的发生问题。

神把各大岛屿分布在人迹常到的海洋中,并分布在最便于阻碍交通的地点上,因而周到地准备好了垄断的产生。我们看到英格兰、马达加斯加、日本、大小巽他群岛、新几内亚、婆罗洲、安的列斯群岛,以及一切大的群岛都分布在最重要的交通孔道上。神绝没有把这些岛屿分布在太平洋的长达三千英里的漫长的沿岸地带,因为完全没有大河流通过这条海岸入海,其海洋也不能成为主要交通的航路,因此分布在这些海洋中的大岛,也不能为在那里创设垄断提供任何可能性;因此,神没有在这条海岸附近创造大岛,甚至连像锡兰、纽芬兰、海南岛和台湾这种被预定作为垄断的联合附属品的中等岛屿也没有创造。

第十三章　论在粗暴的或破坏性的高潮中的海洋垄断

如果要使这一群能养活一千五百万到二千万居民的大岛参加文化生活，并且在一个国王的政权之下联合起来，那么对于凡是渴望在统治上多少获得成功的国家来说，除了实行商业的侵略［或粗暴的垄断］而外就没有任何其他办法。因此，这些岛屿就是神在各大陆的周围所播种的垄断的种子，以便阻碍出现生产和航海术的地方的交通。安的列斯群岛迟早会起英国所宣布的那种作用；能养活一千二百万居民并濒临着几条大河河口的安的列斯群岛和巴哈马群岛可能用联合的方法形成第二个商业的祸根，以期待可能由日本形成的第三个商业的祸根的出现。俄国人入侵中国，很快就会迫使日本人为拯救自己而讲求航海术，他们在这方面也许将获得光辉的成就，由此形成抵抗俄国人的堡垒，并成为对世界经济进行侵略的工具。

神把各大群岛分布在一切便利的地点时，就预先有了建立这种垄断统治的打算，这种情形既然显而易见，所以研究哪一方面可能具有神意所追求的目的，就变成一件重要的事了。

一小撮商人对一切国家和国王们的专横，当然不能是神的最后训示，所以我们也没有必要停留在这点上来作出什么论证。可是神准备好若干岛屿来对大陆列强发生这种惊人影响，其动机到底是什么呢？动机就在于要使这种影响以两种方式去破坏文明制度的政策，即：

一、如果人们在进攻中和抵抗中拙劣地指导着垄断，就嘲笑文明制度的政策；

二、如果人们在进攻中和抵抗中巧妙地指导着垄断，就用进入第六时期的办法来破坏文明制度的政策。

使全世界陷入不幸的,主要是第一种可能性,因为显而易见是垄断破坏了近代的政策。如果权且把法国(它在以后的统治中可能日趋削弱)的努力放到一旁不谈,那么我们就可以看到大陆上的国王们都在互相损害,都甘愿去受共同敌人的奴役。这个敌人是一切人们所看不到和攻不破的敌人,他要从各国的竞争中,从每个国王的欲望中取得利益,就要唆使各国互相对抗,从而削弱它们。他嘲笑它们的文明也像嘲笑它们的愚昧一样,因为津贴的魅力经常诱惑某些意志力最薄弱的国王们,使他们武装起来去反抗邻国;从此,各国的人民既是国王英明果断的牺牲品,也是国王的腐败堕落的牺牲品,而这种国王也同样地被迫去从事战争,不管是受他的荣誉感或受他的熏心的利欲所驱使。

可见,〔粗暴的〕海岛的垄断具有一种抵消恶行与善行,以及利用竞争者的深谋远虑和轻举妄动而达到自己的目的的奇怪特性。因此神在使国王们和人民、文明人和野蛮人受到商人联盟的奴役以后,就不能选取设想得更加巧妙的处罚方法来同时羞辱他们了。这种奴隶状态比之于受征服的奴隶状态更加可耻。实际上,〔粗暴的〕海岛的垄断已经这样征服了各国人民,所以他们也不能自卫了,因为以最好的方式组成的垄断联盟是不使人有击中它的要害的可能性;如果胜利夺去了它的几个同盟者,那么在第二天,它的黄金就会为它带来新的同盟者;只要是它由于胜利而不再受到制伏的话,它就会马上再兴风作浪,使大陆为之焦急不安。

为了充分估计海岛垄断对于文明制度的影响,我们应该注意到像1789年那样的时期,即大陆仅仅能与几个庸碌的国王对抗的时期。至于说到现在,那么英国在大陆上是遭遇了反抗和困难;但

第十三章 论在粗暴的或破坏性的高潮中的海洋垄断

这种抵抗只是临时的,因为法国不可能经常有伟大国王中的伟大国王[①];英雄事业的侥幸机会在政治打算中是不容许有的;应该只估量平凡的事业和把七个平凡的国王当作一个英雄的国王来考虑。因此英国能够(这是不关重要的,因为一切的政治斗争将随文明时期而俱逝),我说英国能够在某种可以削弱法国的事件的影响下振作起来和重新使大陆变为垄断者阴谋的牺牲品。垄断者们有连续不断行动的优越性,有计划固定不变的优越性,可是大陆方面甚至在试图抵抗时,还可能在选择手段方面动摇不定,以及在根据他们所掌握的抵抗方法而做的徒然的努力中长期消耗自己。

在那些抵抗方法中还有一个大家不知道的方法,我谓之为消极的抵抗。这种方法所发生的后果是:也像迫使蜘蛛因缺乏蚊蚋而死亡一样,由大陆上排除直接或间接由垄断者方面而来的一切商品。人们梦想这种措施,但是不知道实现它的方法。可以说这种方法在于建立第六时期的商业制度,这就是说我可以介绍这种方法,但需在一篇关于第六时期的特殊论文中谈到它。

这种新商业制度极容易创立,以至像拉古萨[②]这样的小国也能采用,并一定能将它推广到全世界,以便一举粉碎所有大小垄断者的阴谋。(因为有各种类型的垄断者:难道丹麦不曾创立圣福马小岛的垄断吗?它既然可以在地球的一个角落这样做,那么如果可能的话,它同样也会在全球上这样做。)

---

① "伟大国王中的伟大国王",傅立叶在这里指的是拿破仑。——译者
② 拉古萨(杜布罗夫尼克,南斯拉夫的一个沿海城市),一个实际上是独立的城市共和国,在十五到十六世纪中特别繁荣。——译者

直到现时为止，大陆上的居民只知道积极的抵抗，即海洋上的斗争，为了促进这种斗争，不久以前曾组织联邦同盟[①]。这是一个真正远大的计划，我不怀疑采用这个计划的伟大人物会把它胜利地进行到底。但是在这种联合抵抗的方法中有一个不方便的地方，那就是为了实行这种抵抗并把它进行到底，需要有一个巨人——英雄；这种行动在能力较差的后继者们当权的时候就可能受到威胁，虽然垄断则能支持下去和达到自己的目的，不管那些领导垄断的人所采用的手段怎样不同。英国内阁在它计划中所表现出来的倔强性是令人惊讶的：如果这些计划在历届内阁中都无变化，那是因为它们使大多数贪得无厌的人的欲望得到满足；这些计划是奠定在用社会福利的幌子来加以粉饰的那种劫掠行为的基础上的；它们保证每一个大臣有私人的财富、人民的爱戴和无才能的荣誉。英国政治家的虚假的才能不过是他们手里拿着魔术棒——补助金——而已，这种补助金能违反国王的本意而诱惑国王。因此我们看到在最近一次战役前的一次战役[1805年战役]中，奥地利看见人们要把它推入深渊的时候发抖了；它预见到自己的灾难，可是因为屈服于补助金这种难以克服的诱惑，竟有意识地走进灭亡中去。也好像一只小鸟，看见一条蛇的时候本有机会飞开，可是却犹豫不决，唧唧喳喳地叫，由一根树枝跳到另一根树枝上，以致落到引诱它的毒蛇的口中去。

我们在那里研究问题，目的在于阐明垄断是不是一种罪恶。

[①] 傅立叶把拿破仑于1806—1807年创立的反对英国的大陆组织，称为联邦同盟。——译者

第十三章 论在粗暴的或破坏性的高潮中的海洋垄断

我作为一个基本原则提出来的是,垄断在善于应用的条件下是伟大福利的萌芽,因为无可争辩的是,英国不善于以有益于它可能为之服务的人类的那种精神来指导垄断,并且不善于利用单纯统一的垄断和统一复杂的垄断来达到统一。

第十四章 论单纯统一制度的航海垄断

（略）

第十五章 论复杂统一制度的航海垄断

（略）

第十六章 关于欺骗性的商业的结论

这里包含着机智与理智之间的千百个争辩问题中的一个。像近代的好争论的人们一样，不知有多少富有才智和能力的著作家在改造商业的各个问题面前怎样遭到可耻的失败呀！这是因为文化团体已经变成了商人团体，他们著述书籍是为了出售，而不是为了荣誉，他们在选择题材的时候，只考虑利益的诱饵。我们的世纪已不能拿宗教、理性和荣誉来和商业的拥护者抗衡。这三方面的领导人曾为斥责商业制度和激励人们寻求更美满的制度而进行过斗争，但他们遭到了人们的轻视。

一、宗教。宗教在各个方面都为商人精神所玷污。它应该怀疑这种精神，应该揭露这种精神，同时应该从事于被哲学所推翻了的那种分析研究的工作；商业精神是宗教的敌人，它对待宗教犹如对待商品一样。斯密指出唆使宗教相互攻讦的方法，目的在于降低宗教团体服务的价值。假定斯密现在能到法国来周游一番，那么他一定会感到很满意，因为他在这里的农村中将看到牧师们和司祭们的报酬是多么可怜，虽然还未曾使他们陷入赤贫的状态，但他们依靠这样低的代价已不能提供什么服务了。

消灭基督教世界的慈悲心的正是商业精神。这种精神为了便于进行卑鄙的投机倒把，就不再过问不幸的被俘者在阿尔及利亚服苦役①中死亡的事情,并且看着希腊的主教们受土耳其大臣(他抽着烟管站在被交付掌刑人折磨的那些大主教旁边)的拷问而感到快乐。我们看到无耻的著作家们怎样冷静地估计着这些残暴行为给他们的商人们所带来的机会。在一个只求符合于商业利益而把基督教徒的生命看得和黑人的生命一样微不足道的世纪里,基督教的同情心和慈悲心已变为受嘲笑的对象。

当基督教世界为了夺取圣地②而成群地奋起进军的时候,人们曾责备他们。难道他们这种高贵的幻想,不比使我们对于基督教徒在阿尔及利亚受折磨、在希腊被屠杀的苦难漠不关心的那种卑鄙精神强过百倍么?

可见商人精神无疑地是宗教的天然敌人。宗教应该使这种精神受到谴责,特别应该谴责它从来就不认可的这种精神中的任何一个基本原则,它在斥责欺骗行为以及在一览表中所揭示出来的商业的一切特点;它始终禁止高利贷,尤其禁止证券投机,并鄙视像破产和海盗行为、囤积居奇和证券投机(它们的目的在于使人民挨饿、使生产瓦解)一类合法化的劫掠;它特别斥责返回到奴隶制度和为了有利于贪婪的殖民者的利益而对于黑人所采用的残酷行为;这些殖民者为了尽快增加自己的财富,强使黑人在强迫劳动中和在受折磨中死亡。其实只要好好地对待黑人就足以增加他们在殖民地的人数。

恰恰相反,宗教是把促进废除奴隶制度当作自己的光荣。难

---

① 傅立叶指的是在法国进行侵略阿尔及利亚的战争中,法国被俘士兵沦为奴隶的情况。——译者

② 这里指的是十一世纪到十三世纪的十字军东征。——译者

第十六章 关于欺骗性的商业的结论

道宗教能赞同这种卑劣的贪财欲（它复兴奴隶制度并对奴隶进行古代闻所未闻的迫害）吗？道德高尚的、本身又遭到现代诡辩者所迫害的宗教，虽然对商业的种种卑鄙行为被迫默不作声，但是宗教却从来没有玷污过自己，即它从来没有赞同过这些行为或赞扬过商人实行欺骗的自由。因此当人们把商人的精神捧到首位的时候，一般人完全没有去求教过宗教精神。

二、理性。如果把在《序论》中所描述的哲学家的十二个基本原则作为理性的训示，那么怎么能使这些原则与颂扬商业及其构成社会罪行的一切属性的理论相调和呢？哲学向我们说必须利用分析方法和综合方法，但它竟没有想到对商业的基本特性进行分析。怎样来原谅这种健忘呢？

哲学把真理、自由以及启蒙运动的和自由主义思想的发展，作为理性的教训推荐给我们。我已充分地证明现代商业和真理之间不存在有任何的联系。商业是自由的最小的一个敌人，但正是为了商人的利益，人们恢复了黑奴买卖及相伴而来的可怖的奴隶制度。当船长遇到偷运黑人将被揭发的风险时，便把黑奴一对对地塞进箱子里，然后像抛弃走私的货物一样把这些箱子抛到大海中去；或者是当黑奴病得快死时，便把他们当做无用的商品一样加以抛弃；往往当贩奴船将被截获时，船长便毒杀了全部的黑奴（参看1821年6月26日向英国议会所提出的报告）。最后，对这些不幸者的虐待达到了这样的程度，以致如果把他们带到跳板上去，他们会全部投海，以此来缩短自己的痛苦和免得落入殖民者手中被慢慢折磨而死。

第三十五个商业特点——奴隶的投机买卖——的后果就是这

样。假如哲学对商业加以分析,那么它就不能不认识到这种只有在现代殖民制度开始以后才发生的特点。怎么能使这种情况和哲学所装出的爱自由的姿态相调和呢?又怎么能使理性(如果它爱自由的话)与这种恢复使用奴隶的制度相结合呢?

启蒙运动与自由主义理想的发展。难以看出这两者能与商人精神有什么一致的地方,因为鄙视科学艺术和专门敬重金钱乃是商人精神的基本原则。诚然,在商业中一切的人都是无耻地以下面这个人所共知的原则来自诩的:

金钱!金钱万岁!没有金钱,一切皆空,

善行而无金钱,可说是徒劳无益的东西。①

假使哲学家们实事求是地来观察商业,那么他们将承认到处都是黑暗精神,到处都非常轻视科学,到处都使一切爱好科学和抱有自由主义见解的研究者遭到放逐,最后,凡是不具有卑鄙的精神、自己也不实行欺骗和嘲笑学术团体(它们的名字在商业界中成为嘲笑的对象)的人,几乎都难免落魄不堪。完全浸透商业精神的作者们,当他们站在这种立场上时还能去向荣誉领教领教么?这个问题使我们要从科学荣誉的角度上把问题提出来。

三、荣誉。在这一方面,诡辩者们在其与商业的关系中已软化到了不值得去严肃批判的程度;只应该对它们加以嘲笑就成了。

在最近一百年中,哲学不得不提出一些值得信仰的幻想,来代替它所蓄意攻击的那些以前贵族和宗教的具有威信的对象。必须提出某种为人民所尊敬的新偶像来。

---

① 傅立叶在这里引自布瓦罗的第五封书信《致吉拉格》。——译者

第十六章　关于欺骗性的商业的结论

因此哲学把目光转向于黄金之神，把它作为社会崇敬的和烦琐哲学争论的对象。光荣之神已经不是把她的一百个声音献给诗神及其弟子们，而是献给商业和商业的英雄们。再用不着去谈什么贤明、善行和道德，这一切都不适用了，只应该五体投地地去称赞商业。按经济学家们的说法，一个国家的真正伟大和真正光荣就在于把裤子多卖些给邻国，而少由他们那里购买这种东西。

始终易受自己嗜好支配的法国，必然不顾一切地沉溺于今天的狂妄行为；所以在法国如果不是为了商业的利益，那就决不会想出什么，谈出什么，更不能写出什么来了。甚至今天社会上最伟大的人物也变成了这个狂癖的奴隶：希望获得声誉的大臣不得不允许每一个小城市都有无限大的商业和不受限制的商业；巡视各省的显赫的高官也必须在每一个城市中声明自己是商业的友人，为商业的福利而奔走。凡能把交易所价格变动的秘密告知我们的人，就是十九世纪出类拔萃的天才。〔诗歌和美术都处在被轻视的地位中。〕现在只为那些能告诉我们为什么砂糖价格疲弱，为什么肥皂下跌的人们来修纪念堂。从哲学把全部热情献给商业的那个时候起，抒情诗神就为这门新科学栽种了各色各样的花卉；用最优雅的辞令来代替以前的商业用语，现在人们都说很文雅的话：砂糖下跌了，疲弱了，这就是说价格下落了，肥皂起着美妙的作用，这就是说价格上涨了。以前，像囤积居奇的那种有害的阴谋是可以激起著作家们的愤慨的，但是现在这种阴谋却成了光荣的美德，光荣之神对这种阴谋用诗人品达[①]的语调来宣布："急速和未预料到的

---

① 品达（约公元前518—前438年），古希腊诗人。——译者

波动,在肥皂方面已突然地感觉出来了。"在这些话里,使人觉得好像肥皂箱已经飞到九霄云外,而收购肥皂的人们也名垂宇宙了。不管对待商业的态度如何,只要是一张息票或四分之一磅的干酪,哲学家们就会以极华丽的文体和动人的赞美来谈论它。在他们的笔下一桶烈性酒可以变成一坛芳香油,干酪可以发散玫瑰花的香味,肥皂可以胜过百合花的白色。所有这些花言巧语强有力地促进生产的成就;生产在哲学家的支持中得到了人民在这种支持中所得到的那种帮助,即:空话连篇,无补于事。

但对于自私自利的下流作家来说,这是没有关系的,他们只想为自己创造卖书的机会。他寻找可以引起学术上争论的题材,他们在商业精神中找到了养料,——那么他们把商业当作现代的神灵,还值得奇怪吗?荣誉会劝告他们或者像古代世界曾经做过的和宗教现在还在做的那样,鄙视商业的欺骗或者真正地去寻求办法来反对这种使社会上卖身求荣的风气占优势的制度;但是他们为自己选定了这个新神以后,还会去找寻荣誉吗?

现在卢梭可以这样说:"自莫里哀以来,值得嘲笑的现象已经改变了,但是在发现新的值得嘲笑的现象上,莫里哀还显得不够。"在商人的学说的夸大的空谈中我们能看到什么呢?难道不都是一些废话吗?其目的无非使印刷机尽全力开动,以及像以前闹自由和平等时(现在是商业狂代替了这两者)一样,是要供给游手好闲之徒一些争论的资料罢了。

从商业精神控制了舆论的那时候起,在经济生活中出现这样多的掠夺行为,这难道在以前曾经看到过么?由于一个岛国乘旧法国衰微的机会而占了便利,借垄断和海盗行为而发了横财,于是

第十六章 关于欺骗性的商业的结论

所有古代的哲学都变成有缺点的了！于是商业成为真理、智慧、幸福的唯一道路！于是商人成为社会机构的中流砥柱，而一切内阁都在收买了它们的那个国家面前力求卑躬屈节！这个国家收买了它们，只用去了从它们那里征收来的经济贡品的十分之一。

当你看到国王和人民在某些商业诡辩论的影响下受了欺骗，并且竭力吹捧证券投机者、囤积者以及其他经济上的海盗等阶级时，就出现了把魔术信以为真的受诱惑的状态。其实这些不过是运用自己的势力来聚敛大量资本，以求引起各种商品价格的波动和依次地破坏每个生产部门，使勤劳阶级［农民、工业家……］变成穷人，然后再利用投机的办法去进行大规模的掠夺，好像鲱鱼数以百万计地被鲸鱼大口大口地吞进去一样。

虽然以上我只是简略地说明了这个称为自由商业的罪恶渊薮，但就是这样不多的一点说明已足以使我们注意到：

一、现代人们的骗局，他们力图使人相信这种欺骗的机构是流通唯一的保证；

二、诡辩者的骗局，他们不去攻击掠夺行为以获得光荣，不去作出发现，反而堕落为掠夺行为的保护者；

三、政府的骗局，它们允许商人吸血鬼掠夺自己，但是本来应该自己去从事商业以便确立对诚实的保证。

当你看到一切的社会阶级这样地被引入迷途，以及为了一个卑鄙的与不事生产的阶级的利益而遭受耻辱，难道还能否认现代人们的精神已遭到歪曲这个结论吗？在古代，当社会精神还一点不知道商业上有这种恶劣的行为时，它就已经公开嘲笑商业了。假如现代人想到分析商业的各种特点，那么他们也会继续以同样的态度来嘲笑商业的。我在关于商业特点的一览表中已经指出了这些特点，单是其中我所确切阐明的一个——破产——就已能提供在全面分析商业时发现一切卑鄙龌龊行为的尺度。学者们既然忽略了去作这种分析，那么他们在社会设施方面毫无成就，他们把文明引向它所想避免的一切暗礁，即引向五种毁灭性的垄断上去，他们也不能预见摆脱文明制度的任何一条出路，甚至不能预见到摆脱属于现时研究范围内的那两种统一的垄断（单纯的与复杂的），以及不能够提供适合于文明制度精神的另一条出路的单纯化竞争的任何方法，又有什么值得惊讶的呢？

因此，在没有提高到研究情欲谢利叶时，也能发现到达保证制度，即第六时期的各条道路，而社会精神本来也是有缺点的，因为它不能预见到这些得救之道中的任何一条。

我不得不说出这种关于商人精神使近代人陷入谬误的那些详情细节，这是对于傲慢者和不可能论者所持的理由的一种回答。那些人在宣布关于协作社的伟大发现时，首先就大叫大嚷说：在出现了这样一些优秀天才之后，还要希望有什么发现乃是荒诞不经的事。但是这些优秀天才不想去开采采石场；他们不想把光明投进商业欺骗的迷宫中；他们既不能发现由研究海洋垄断所得到的那些出路，而只是愚蠢地高谈反对这种垄断；他们也不能发现诚实的竞争的出路，因为他们抛弃这条道路，而去阿谀逢迎商业的吸血鬼；他们也不能发现协作社制度的出路，因为他们忽视这种制度的两种萌芽，而特别是货币制度（它虽然在一切方面与我们的商业机构相反，但却是相互间唯一诚实的和有保障的关系）的萌芽。

既然现代人在商业（他们把它奉若神明）科学方面，以及在使哲学其他部门归于无用的那种科学方面极少成就,那么对于古代和现代的一切哲学的很多体系说来,这是如何不愉快的预兆呀!请允许我们赠给它们全体同样一个预言:

……特罗亚由高处被推下来(...ruit alto a culmine Troja)。①

---

① 引自维吉尔的名诗《埃涅阿斯记》。——译者

由非精确的科学的可笑方面所证明的理性的谬误

政　　治

　　必须使某一类学者知道,如果他像政治科学的作者们所做的那样,决定责备自己,那是完全没有根据的。他们说:"慎重些,莫轻信我们的理论:我们是危险的幻想家、文墨骗子。"莱纳尔在致1789年立宪议会的忏悔书中也说过近似的话。他写道:"请不要逐字逐句地接受我们关于社会制度所讲的那些话吧;我深为这种思想所苦恼:我的著作曾助长了那种使全国蒙受不幸的犯罪行为。"于是莱纳尔就把"文墨骗子"的称号加在他自己以及他的前辈和同辈身上,因为他把他们的知识都集中于一身。

　　当科学的创造者看到他们所提出的妙论付诸实施时,竟然也使他们自己为之战栗不已。这种科学该是多么荒谬啊！关于这些人不是可以说:

　　伟大的主啊,您怎么把整个世界

　　交给了这种魔鬼呢?

　　真正的魔鬼不就是这些哲学家吗? 他们居心险恶,为了使自己著作获得成功而不惜使整个民族冒不幸的危险,他们向我们宣传那些他们内心深感恐惧的教条,宣传那些自己一旦良心发现就会放弃的教条!

　　然而,文明民族竟然这样的忠厚,他们竟容忍这一切魔术家已达三千年之久。这些魔术家在学术团体中占据的地位——竟然这样牢固，以致极度的痛苦使这些民族和个别人对骗子的一切诺言发生盲目的信仰。这些骗子的首脑应该就是政治家，特别是那些最会花样翻新的和最阴险的经济学家即骗子的能手。

政治学是一切科学中最容易达到完善的科学。这是唯一一门使天才有充分发挥余地的科学；这是唯一的一门科学，在这里没有受过教育的天才，除了健全的理性外，不必有任何依据就可以出类拔萃而有所发明。政治学的著作者只要掌握公正对待雇佣劳动者和妇女的观念就行了。改善雇佣劳动者的命运，便会达到第六社会时期（保障制度）；改善妇女的命运，便会逐渐达到第七社会（简单小组）。因此，政治学除了帮助我们摆脱文明制度，进至第六和第七社会外，就没有别的目的。而第六和第七社会则是介乎文明制度与普遍和谐制度之间的中间制度。至于讲到协调制度的发现，那是属于形而上学的领域，而不是属于政治学的领域。

我曾经说过，政治学的作者们应该在对妇女和雇佣劳动者的态度上恢复正义感；他们关怀这两种人的命运，无形中就会肯定农业协作社和恋爱自由，而农业协作社和恋爱自由则是第六和第七社会时期的萌芽。

为了达到这两个目的，胆量足以补充智慧；如果文明制度产生了几位有胆量的政治家，各种偶然机会就可以突然造成时期的更替。下面就是例子：

由于一件微不足道的小事决定了使1793年的野蛮行为[①]突然造成了第二次革命的机会。这次革命的骇人听闻，如同第一次

---

① 傅立叶在这里指的是1793年雅各宾的专政。——译者

革命那样惊心动魄。全人类都接近自身的解放：如果国民公会在摧毁一切偏见之后，而不在最应该扫除的唯一偏见——婚姻的偏见面前屈服的话，文明、野蛮和蒙昧制度就可能一去不复返了。消灭了文明制度，就会跨过第六时期而进入第七时期，这就是法国国民公会由于畏缩不前而错过了的决定性的进程。对姑息办法曾采取极端敌视态度的国民公会怎么竟对像离婚这件事情姑息让步呢？把践踏神圣的东西变做自己游戏的人，怎么会在婚姻习惯面前软化了呢？这是文明制度的最后堡垒；它坚守在这里，以便很快地重新改取攻势，收复其一切领地。然而，要使它归于消灭，关键决定于什么呢？

有不少普通的方式，于无形中改善雇佣劳动者和妇女的命运，而不致导致国家的政变，如消灭婚姻制度以及下面我将要谈到的其他事情。但是哲学家那种始终嫉妒妇女的快乐的害人思想，以及他们缺乏对雇佣劳动者的关怀，使我们错过了摆脱文明制度的两个主要出路，使社会科学停留在目前我们所看到的那种幼稚状态。

未来的后代人不能不感到惊奇的是，在科学和艺术方面已达到顶峰的这个十八世纪，在完全次要的科学方面，即政治方面，却仍然是个侏儒。在近代人中间，如同在古代人中间一样，政治学从来没有为人民的幸福发明过任何东西。在雅典，如同在巴黎一样，包围着宫廷大门的赤贫现象，证明了你们的社会科学从来都是微不足道的，你们的方法和你们的规律被自然所推翻。你们由于铲除某些使野蛮制度更劣于你们的状态的恐怖现象，便自以为十全十美了。如同一个四岁的小孩，因为他把一个只有三岁的小孩推倒在地上，就以为自己是完全成年人了。你们通过同根本就没有任何科学的野蛮制度下的人们的科学相比较的办法来评定自己的社会科学。在政治学方面，你们只善于向后看，并且自吹自擂，说什么你们逃避了邪恶，获得了一些善果。可是，在你们丑恶的文明制度下，当贫穷、证券投机、破产、不诚实比过去随便什么时候都更猖獗的时候，试问你们又在哪里踏上了善良的道路呢？

我并不想举出他们的最后制度的成果，例如法国、那不勒斯、爱尔兰、圣多明各的大屠杀来责备政治学的作者们：当他们自己认识到这一点时，他们将会更加如何惶惑不安呢？我是拿他们没有资格治疗自己不懂得病根的疾病这一点来攻击他们的。他们既然不晓得主要之点，又怎么会有根除社会混乱的希望呢？有的人归咎于他们的虚荣心和欲望的压力；有的人则举出人民的愚昧无知作为理由，另外又有人则归咎于成见等；由此可见，政治学开始出现在人类面前，就如同寓言中那两个意见分歧的医生一样[①]，病人只好成为他们的牺牲品。这些作者只有一点，就是在确证社会结构基本上是有缺陷的这一点上是一致的，因为它在一切方面都在重复着同样的一些社会灾难；——永远折磨个人的贫困和折磨国家的革命。古代用希腊文和拉丁文向我们说明了这点，近代作家以很高超的注释向我们重复了这一点，在读完这些注释时我们还只是留下一个信念：邪恶是存在的，而且没有一点关于病根和药物的知识。例如，在波里·斯卡龙的那篇幽默小说中，从勒芒来的医生们对于多甫隆的神甫的肾脏结石病问题作了长久的科学讨论之

---

① 指拉·封丹寓言《医生》中的那两个医生。——译者

后,大家只有在一点上达到意见一致,那就是他的病是结石症,可是既没有说明病根,也没有开出药方,而是用优美的拉丁语向他说,他的病是结石症,不过这点就是可怜虫也知道得很清楚。

难道说我们从政治学能够学到更多的东西吗?——就是在孟德斯鸠、卢梭等一流人的著作中我们所发现的,也不是什么锋利的机智,他们的机智不仅于事无补,而且在他们自己的眼中看来也是很危险的,当他们看到要付诸实际考验时,他们就如同莱纳尔一样,会赶快把它放弃的。

文明制度下两个无药可医的毛病,郑重地宣告了自古以来政治科学的软弱无力:这两个毛病就是折磨个人的贫困和折磨国家的革命。

贫 困

我们的社会契约在给予穷人以应有的和适合于他们教育的生活资料,保障他们最主要的天赋人权——劳动权方面是多么无能啊!"天赋人权"这个名词,我不是理解为在一般公认的自由、平等名称掩盖下的空话。穷人的企求并不过高,他们并不想同富人一样,能够吃到富人的奴仆的饭菜,他们就感到十分满意了:人民的要求比起他们来还更通情达理些。当变化无常的政治剥夺了他们的工作,以致造成他们饥饿、受辱和陷于绝望时,只要你们想出帮助他们的办法,他们就会同意服从,同意不平等现象和农奴般的依附关系,而那时他们摆脱命运的变化无常的摆布——不是靠救济,而只是要得到给予他们赖以取得生活资料的普通工作呢?人民,甚至知识阶层中，到处都充满了不幸的人，这些不幸的人要求职业是枉然的，虽然和他们相类似的人们却过着悠闲而富裕的生活。为什么当这些不幸的人只是要求有依附地位的权利，要求有为游手好闲者的享乐而工作的权利时，政治学却来嘲弄他们，偏要给他们以主权呢？

你们不是对穷人说，在军队和垦荒方面有空缺吗？这就是那些受儿女拖累的父亲，或那些比男子更有可能失业，而且工资低到除卖淫外别无其他生存方法的妇女们的生活出路吗？那些在青年时代就从事自由技艺的人难道说适合于过冰天雪地的兵营生活或适合于拉犁吗？给予他们犁和背包，使他们享受你们精心设计的那种使受过教育的人感到比死还讨厌的慈善事业，——就等于送毒芹①给他们。如果说，在知识阶层中间过了一辈子的人，还要同粗野平民混在一起，难道这不就是等于把活人送进坟墓吗？利用这样一种救济就认为你们的社会契约优于自然的先见了吗？为了比得上自然，就应该至少给予我们像自然界给予蒙昧人和自由动物的那种东西——即他们所喜欢的而且一生所习惯的工作，给予那些他们认为和适宜于相处的人协同从事的工作。请你们也给予文明人以工作吧！他们如果成了永久拥有工作的人，而且能够随时任意从事工作，便不会去依赖不公正的长官，不会同那些性情使他们讨厌的人相纠缠了。请你们使文明人与蒙昧人具有同等的机会吧，蒙昧人有同他们的酋长从事同样工作的权利——从事渔猎

---

① 毒芹，是一种含有烈性毒素的草本植物，这种毒芹在古希腊是供判处死刑的公民服用的。——译者

的权利,任何东西也不能剥夺他们这种权利,而且渔猎的果实是供他们自己享用,而不是供什么主人享用的。最后,请你们用你们的全部科学为穷人创造出自然界并不借助科学就为蒙昧人和野兽创造出来的一样多的东西吧!

请你们把贫穷工人家庭的命运同蒙昧人的命运作一比较吧!失业后受尽房东和债主逼迫的工人,历尽多少的烦恼之后流落为乞丐,于是把自己的溃疡、自己的赤裸裸身体和饿得衰弱不堪的儿女展露在街头,使你们城市充满了一片悲惨的怨声。请你们把社会契约的这些牺牲者同蒙昧人作一比较吧!蒙昧人在自己的故乡享受自由自在和无忧无虑的生活,而且经过一次成功的猎捕之后常常是很富足的:他们并不像我们的雇佣劳动者那样担心自己的工作什么时候被剥夺。他们是不会受到卑视和欺骗的,他们的心灵不曾被各种各样饱食终日无所事事的懒汉们所刺伤,而且在渔猎得手之后,他们便骄傲地享受那种只有在他们部落内才能够得到的幸运;他们绝不受无礼长官的卑视和掠夺,——他们自己从事劳动事业,他们的力量使劳动事业变成了一种游戏。只有经过实际考验的优良品质才能使一个人获得充当酋长的普通优越权,而且除了在战斗和劳动中担任最危险职位的优越权外,绝不享有其他优越权。如果蒙昧人有时遭受饥饿和命运的折磨,那么整个部落就会和他来共同忍受这种饥饿和命运的折磨,有苦同受就减轻了共同的苦难,并且这种苦难还可以用希望来慰藉,而这种希望却是我们的穷人所没有的。如果部落对外进行战争,那是由于整个部落遭受了侮辱或损害,而不是由于他们从来不曾听说过的宫廷阴谋,也不是为了使那些利用人们的贫困而进行投机的包工头们发财致富。最后，部落还可以罢免他们所不满意的酋长，而文明人如果对掠夺他们的人发出一点怨言，那他们就会被处死刑。

固然，在蒙昧制度之下妇女是很不幸的，单凭这点也就足够证明蒙昧制度并不是自然的要求。但是，如果仅就蒙昧制度的男子来设想，或是以那种把妇女的不幸认为不算什么一回事的哲学家们的精神来说，那么你看，蒙昧人的命运要比我们的穷人强到什么程度啊！然而，文明制度下什么人能够以他自己或他的儿女不致沦于贫困的希望来安慰自己呢？在这革命十分盛行的时代，它对富人和达官贵人的威胁要比任何时候更来得厉害些。

革　命

如果政治学不能关怀被社会契约所扰乱了的个人安宁，他还关怀到国家的繁荣吗？现在我们仅就这点来对它提出责难：当人们以个人的不幸来谴责它时，它总是拿共同幸福的远景来掩饰，并且依据这个理由来宽恕它对个人的压制。但是，在其抽象议论为个人带来牺牲时，它是否会保证大众的幸福，是否会保障国家免于发生革命呢？不会，当然不会。革命会接踵而来，愈来愈高涨，也会愈来愈看得清楚：革命是如何在远处酝酿着，在缺少任何可以逃避革命的办法的情况下，革命的不可避免性证明了政治学丝毫也不了解文明制度所能够遭遇到的改革。

革命郑重地宣告自然的疲倦和不能忍耐：它处于激动的状态，为的是要摆脱文明与野蛮制度。政治科学本应该促进这种摆脱的实现,使社会制度逐渐上升到第六和第七时期;但是在文明制度所达成的有限的成就中,它并没有从政治科学方面取得任何帮助,——它是通过可怜的试验办法或由于巧合而机械地向前推进,从来没有从哲学方面得到过任何帮助。

为了证实这点,应该把文明制度的四个阶段仔细加以考察,而我们现在是处在其中的第三阶段。人们将会看到,政治科学和道德科学对自然的努力绝不会有所帮助,对社会进步绝不会有所促进,却一贯在传播那些阻挠文明进程的偏见。

现在我就来从事将据以得出种种结论的分析。

【注】下面所要叙述的情景,并不是对于构成文明制度机器的发条的分析,而只是对于文明制度在其各种不同年龄段内所表现的种种政治形态的分析。

文明制度的各个阶段

与任何其他社会一样,文明制度可以顺序地表现为四种基本形态——这就是说,文明制度运动的进程计分为四个阶段,各个阶段都有其特具的一定政治秩序的统治和突出的特点。

四个阶段构成两个波动:上升的波动和下降的波动
上升的波动
第一个阶段　童年时期
　　特征:一夫一妻制,或独占婚姻制
　　萌芽:{纳妾制}联邦式的家长制
第二个阶段　成长时期
　　特征:劳动者的解放
　　萌芽:封建主义

下降的波动

第三阶段　衰落时期
　　特征:(无限制的自由)商业政治
　　萌芽:(变相的殖民地)航海术
第四个阶段　凋谢时期
　　特征:商业的封建主义
　　萌芽:独占性的团体

从这个表就可以看出,文明制度现处在第三阶段,即衰落时期,因为它完全醉心于商业精神,这种商业精神一天一天扩散到整个政治体系中。

说文明制度是处于衰落的时期,并不就是说它在科学和艺术方面退化了,或者说它距离第六时期更远了,而不是更近了。它错过了那介乎第二和第三时期之间的主要出路,于是从进入第三阶段起,就沦入衰落的状态了。

上升波动的两个阶段是向着个性解放的方向移动的。

下降波动的两个阶段是向经济被奴役的方向移动的。

除第四阶段外,我准备把关于每个阶段的某些详细情节加以叙述。第四阶段只不过刚刚将要诞生,所以我仅为具有求知欲的人们作出了关于这个阶段的推测;正因为如此,所以,无论关于其萌芽或关于其全部特征,我都未曾加以说明。此外,我不想使人发生任何可以从中得出有利于文明制度变形的概念,因为我的目的是力求消灭它,而不是纠正它。

在以后的详细说明中,我是打算提供一种概念,来说明哲学怎样在运动中始终处于被动地位,它从来没有参与文明制度的改进,而且硬把文明制度进步这点微不足道的光荣记在它自己的账上。

文明制度的上升的阶段

第一阶段——童年时期

全部特征:一夫一妻制,或独占的和固定的婚姻制度。
萌芽:妇女的公民权,或联邦式的家长制。

这一个阶段是以妇女得到公民权和半自由地位而确立起来的。我称独占婚姻状态对妇女是半自由或半奴隶地位,因为独占婚姻使妇女从她们在野蛮制度下所处的那种完全被奴役地位中摆脱出来,但给予她们的并不是自由,而只是某些财产权和丈夫对她个人安全的保障,因为在野蛮制度之下,丈夫对妇女是有禁锢和杀害的权利的。

第二阶段既然是以劳动者的解放而确立起来的,由此应得出的结论是:备受称颂的希腊人和罗马人不过仅仅达到了第一阶段而已。

我打算对于已经结束的第一阶段少讲一些,而对于文明制度的发生,以及自然为它设置的一些障碍则多讲一些。为了使文明制度在全球尚未出现过这一制度的八分之七的土地上诞生,本应该具有促使蒙昧人参加生产活动,促使野蛮制度的人给予妇女像在希腊人那里所享受到的那种公民权的种种办法。哲学家既然没有发明出任何办法来完成这两个变革,显然的,他们就不能创立这种文明制度,就不能创立他们所温存爱护的对象;如果他们把文明制度看作是已有的三种社会结构中最好的一种,那么他们还不能够夸耀他们曾为全人类的福利作过贡献,因为他们并没有提供出把野蛮制度和蒙昧制度的人们吸引到文明制度方面来的任何有经验的方法。

野蛮人对文明人占有巨大数量上的优势，蒙昧人对文明人占有地域上无限辽阔的优势，这应该使我们觉察到神灵的唾弃在威胁着文明制度，因为这种社会结构在同其他两种社会的人口和疆域比较起来，在地球上只是占极微不足道的地位。在这里应该把曾经用另外的话表述过的一个论据再来说一遍：如果说文明就是幸福，那么为什么绝大多数人类还拒绝它呢？因此，或者是，当上帝劝人类不要参加文明制度的时候，上帝便是人类的敌人；或者是，如果上帝教导野蛮制度和蒙昧制度的人对我们的社会结构持蔑视态度是正确的和合乎理性的，那么文明制度便是人类的敌人。

如果生产活动的目的是引导各族人民走向文明制度，那么野蛮制度的人既已从事大规模的农业和工业生产而具有文明的萌芽，为什么文明制度却不在一定时期内也在他们中间自然而然地诞生出来呢？野蛮制度的人在三千年的漫长期间这样固执地厌恶我们的社会结构，便为我们证明，上帝创立生产并不是为了把人类引向文明制度。为使这个真理更加明白起见，上帝所关心的是，要使野蛮制度的人在数量上保持大大地超过我们的人口，使蒙昧制度的人在疆域上大大地超过我们的疆域。

上帝指定野蛮制度和蒙昧制度的人走向哪里去呢？如果不是上帝不愿意使人类向这种社会结构的方面发展，而使其保持在地球的一个角落内作为另一种社会结构的萌芽，那么从他们对我们的文明制度这种不可遏止的厌恶又能得出什么结论呢？如果哲学家拒绝接受这个结论，那就让他发明一种不使用强制手段而产生文明制度的办法吧！这一点甚至在借助于秘密收买蒙昧人领袖的情况下也是办不到的。在这方面美国人曾利用过所有各种能够得到的诱惑办法。至于讲到野蛮制度的人，也许更难于吸收他们参加文明制度；野蛮制度具有一种制造社会运动的深渊或鸿沟的令人不愉快的特性。被引入这个阶段的民族只有用倒退的办法重新成为蒙昧人，才能够摆脱野蛮制度。可以用暴力使野蛮人的国家参加文明制度；但它从来不会完全自愿地、也不会是用某种革命的办法地走向文明制度的；所以，我们看到有许多野蛮人重新组成了游牧部落，——如在波斯、亚述和巴古达里亚①，这些国家的人民在进入野蛮人中最有文化的行列之后，差不多全部重新组成了游牧部落。可是人们却根本没有提到过有这样的野蛮人，他们哪怕是具有一点想接受我们的社会结构并在他们的风俗中带进了导致文明制度的诞生的妇女公民自由的意向；正是由于拒绝实行这种措施，所以中国人、日本人和印度人四千年来已经站在文明制度的大门口，可是却不想登堂入室，虽然他们在生产方面也已达到使文明制度的人感到惊奇的完善程度。

无论是野蛮制度的哲学家如孔子，或文明制度的哲学家，他们都不曾提出过在野蛮人地区传播妇女公民自由的任何办法。由此可见，一切时代和一切国家的哲学家都暴露出来，他们既没有在文明制度还不存在的地方推行文明制度的知识，也没有这种想法，单就这一点来说，已经可以承认非精确的科学的微不足道、消极作用和保守观点了；使这门科学的著作家所深感惊奇的是，文明制度已

---

① 巴古达里亚，公元一世纪前中亚细亚的一个古代国家。——译者

在地球的某些角落确立起来。其实他们所应该感到惊奇的却是，这个文明制度并未进一步传播到可以容许它存在的一切地方：它所处的地位的局限性便是对文明制度本身和对那些赞扬它的人们的一种责难。

当然，用不着希望他们来发见一种使文明制度到处传播，使野蛮制度的妇女改变到半自由地位，使蒙昧人的游牧部落改变到农业种植的办法。在从事于这种探索之后，他们就会很快地觉察到，文明制度既不是上帝的要求，也不是运动的进一步目的，他们还会觉察到，应该从事研究的不是传播文明制度的办法，而是应该研究为了进到更美好的制度而如何摆脱文明制度的办法。

现在我们来分析一下那些能够产生文明制度的事件。

为了认识它的真正的起源，我们首先要指出的是，蒙昧社会和野蛮社会从来不会完全自愿地和通过自己本身的运动转到文明制度的；它只能由那现在已经消逝了的宗法社会产生。族长本人只是一种野蛮人，而且是在各自的小块土地上行使像暴吏在全省内所行使的那种专制主义的独立的野蛮人。没有比亚伯拉罕更野蛮的了，他对待自己的妻子和苏丹一样，把阿格里和她的婴儿遗弃，使她们饿死在荒野，因为他已把她玩厌了，不想再要她了（并且还继续玩弄手法，竟至虚构同上帝谈话，以死来威胁他的儿子，以便用上帝的名义恐吓他，而取得对他的思想的影响）。我们从他的后裔雅各身上也看到同样的道德败坏的现象。他们的暴虐性格导致了野蛮行为的盛行，而不是野蛮行为的消灭；他们既没有正义感，也没有使部落变成文明所必需的智能。因此，也只有在他们自私自利这一点上才可以找到这种文明的源泉，不对他们施以暴力，或不采取政治手腕来说服他们的领袖,就不可能在野蛮和蒙昧制度的人中间推行这种文明:美国的办法就是这样的,但它还是归结到使用暴力,因为那些被文明人说服或受文明人支持的领袖,必须强迫人民去从事农业,因为人民决不会自愿地接受农业的。

在宗法制度占统治地位的国家里,例如在叙利亚的附近,每一个族长都是他那块地区的专制君主,这是我们从传说中所听到的。传说告诉我们:"亚伯拉罕集合起自己的家人,对他的邻族大举进攻,一下子就打败了三十个皇帝。"①如果说,亚伯拉罕的人数也许不到三百人,就已经足够一下子打败三十个皇帝,那么这些小皇帝只能是家长了。他们每个人不过带领自己子孙或家仆一打人左右来对抗这个已经成为强大部落的首领的亚伯拉罕。从这个小故事便得出一个结论:亚伯拉罕的邻族不管他们是多么弱小,却依然享有无限的权力和皇帝的称号。这件小事可以用来说明文明制度的起源。

这些小皇帝即这些小山沟中的暴君结成了婚姻联盟,如同结成政治联盟一样,而且用尽一切方法力图博得对邻人的影响。那些只有女儿或女多男少的人,如果他们把自己的女儿以奴婢身份委身于邻近小皇帝的儿子时,他们就会在联盟中蒙受很大的损失;他们仍不得不在对妇女的影响上作打算,于是那些没有儿子的人们就必须进行协商,以便从自己的女儿身上找到利益。最合适的办法就是,在女儿出嫁时,为她们商定一定的特权,而且尽可能的

---

① 傅立叶在引号内所引的话,并不是引证《圣经》的原文,而是对《圣经》相应的地方的随意重述。——译者

不要让她们做妾或暂时的宠人，要求任何别的女婢都不能暂时享受所给予他们女儿的权利；最后则是扩大他们的要求到独占的和固定的婚姻。这种婚姻便把其余所有的宠女都降为侍婢的地位。

由于她们父亲的先见之明而为这种命运教养出来的第一批女儿，便应该都是为其父家的利益服务，而且致力于维持那些小皇帝同她们的父亲的同盟，因为他们把女儿嫁给了那些小皇帝的儿子。

于是在宗法制度的人中间便这样逐渐产生出了独占婚姻制，这种婚姻制度是在同纳妾制度的结合下确立起来的。纳妾制度一方面为丈夫的肉欲享受给予广阔的余地，同时却使他们倾向于在不损失其保留宠婢侍妾的利益下，给予一个原配妻子以社会权利。

婚姻的特权大概很快就普及到了这些小皇帝的一切女儿身上；这些小皇帝每个人都认为，为了他的利益在把她们出嫁给邻近的王子时，要保证自己女儿有权独占配偶，而且小皇帝的数量愈多，他们在地域方面愈狭小，则自由夫妻的人数也就增加得愈多，于是最后，她们就形成了不同于女奴隶的集团，从这个时候起也就开始进入了文明制度。

这样的变革是不能够在庞大的野蛮国家或中等的国家，如亚伯拉罕的部落内实现的，因为它至少已经形成了大的村庄：自由妇女集团只能诞生在野蛮人的小联盟的领袖们那里，或诞生在一个小地区聚居着为数众多的实行专制统治的族长那里，正像亚伯拉罕部落周围的情况那样。假定说，他们都是像亚伯拉罕部落那样的强大，那样的地域辽阔，那么他们就只能有极少数公主嫁给那在她们出嫁时答应给予她们以独特权利的人，——将会看不到自由妇女集团的出现了，因为自由最初只能扩及公主或专制家长的女儿的身上。

一般说来,为了产生文明制度需要有大量的公主,其数量差不多与奴婢的数量相等;这种情形也在那些家长中发生。这些家长有多少子女,就差不多有同等数量的家庭奴婢,他们在组成了联盟之后,就在荒原的掩护下毫无阻碍地实现了他们的家长专制政权,因为这些荒原围绕着联合起来的家长,把他们同势力强大的民族隔离开来。

如果说,还可以看到像中国、印度、日本等这样许多生产发达的地方进入了野蛮制度,而不是进入了文明制度,那么这是因为最初他们的家长已有很多的家仆,因而他们感到建立自由妇女集团没有一点好处。他们由于支配了众多的女婢而丧失了人性;他们女儿的自由对他们来说是利益很少,根本就没有列入他们的政治打算中去。因此,如果自由夫妇为数少得不足以形成集团的话,那么大量的妇女就仍处于奴婢的地位,因而从那时候起部落便进入了野蛮制度,而不是进入文明制度。

从上面我所说的话中应该得出的结论是,如果有一个小的野蛮的孤立地区,不是强迫而是自己主动地愿意参加文明制度,那就要把它分成上百个小的专制领地,每个领地都拥有一个约有十二个人的家庭;这条道路我不敢说一定不错,但我总觉得这是产生独占配偶集团的最正确的道路,而大的野蛮君主对于这种集团的建立是绝对不感兴趣的;由此可以推知,结合成为大的社会团体的野蛮人,如中国人与印度人,甚至当他们精通艺术的时候,都永远不会转入文明制度,因为文明制度的唯一萌芽是独占婚姻,而不是优美的艺术,因为艺术就算在野蛮人那里复兴起来,还是会凋萎的,而且迟早总会衰落的。

不过我要重说一遍,很难确定究竟怎样才能够在那已是农业者而不是文明人的民族那里产生出独占婚姻来。我不敢硬说我的臆断是对问题的最好的解决,但我认为,除用那靠某种屏障如荒原与大民族隔离开的小的家长式土皇帝联盟的存在来说明独占婚姻制度的起源外,很难用其他方法来说明。希腊人是最早的文明人;埃及人只不过像中国和日本的野蛮人那样,是完成了大事业的特别出类拔萃的野蛮人而已。但他们既没有使妻子享有公民权和半自由的独占婚姻,也没有那成为这种习俗的结果的艺术和科学天才。然而,在最初的希腊人中间这种独占婚姻制是怎样兴起来的呢?——这就是留待解决的问题:社会运动的理论关于这点没有提供任何概念,它只是指出,独占婚姻是进入文明制度的大门,但根本没有指出,它的起源可能是怎么样的;这也就是一个标志,它标明着独占婚姻是可以由于各种不同的原因——例如独特的和专制的家长的癖好而产生的。

为了使文明制度达到迅速的成功,在独占婚姻制建立之后,必须采取小的、彼此完全分立和竞争的国家形式,如同希腊人的国家那样。像埃及那样的大国,如果没有一些与它力量相埒的文明国家来同它竞争,是注定会重新陷入野蛮状态的。

除赋予姬妾以合法地位和一定公民权外,任何东西都不会促进文明制度更加迅速地前进。她们的集团乃是能够向妇人集团提供的唯一的激发力量,使他们不致由于缺乏竞争而陷于完全漠不关心和奴隶精神的状态。在我们这里情形也是如此,在缺乏形成集团的名为姬妾的情况下,妻子们专门曲意逢迎自己的丈夫,对于扩大自己的权利一事完全持冷淡的态度。由于对自己的自由持漠不关心的态度，她们错过了一个摆脱制度的良好出路，错过了一个进入第七时期的措施，而这种方法却只能由妇女来发明，因为每一种政治上的发明都应该是由那些对完成这种发明有利害关系的集团来完成的。

在目前的情况下，某些妇女所得到的凌驾其丈夫之上的权势，对于未享受这种权势的妇女大众来说，这是一种耻辱；应该使整个妇人集团获得特权，而不是使少数妇人获得权势，却眼看着她们的女儿落入她们自己所得以幸免的那种奴役地位。

十八世纪关于政治的平衡发表过那么多的议论，却未讨论过这一问题。如果我们看到，在两千五百年的漫长期间，政治完全是男子的，仅仅关心男子的事，从来没有存在过妇人的政治，也从来没有存在过致力于扩大女性权利的任何团体，对此能够不感到惊奇吗？我说这是许多著名妇女的羞耻，因为她们拥有可以炫耀和服务于自己妇女界的手段，而却没有预见到这个新的活动场所；进入这种新的活动场所是十分容易的，因为问题不外乎一点：要力求使妇女达到恋爱自由。这个唯一的新制度开辟了一条走向一切幸福的演变的道路，社会结构是能够接受这种演变的。

第二阶段——成长时期

全部特征：劳动者的自由。
萌芽：封建主义。

哲学家已证明他们是没有能力实现文明制度的，虽然为了产生这种社会只要使野蛮人获得哲学所赞颂的对象即独占婚姻就够了。

他们同样没有能力把文明制度引到它的第二阶段。我们对奴隶解放一事只应感谢侥幸的机缘,奴隶解放(同一夫一妻制合在一起)形成了文明制度的第二阶段。

看不出希腊和罗马的著名的博爱家们曾经考虑或建议过什么旨在解放奴隶的任何行动;他们对这件事不曾感到丝毫的不安。他们依照哲学的基本原理习惯于永远往后看,同野蛮人作比较而自我夸耀,他们把自己的社会结构看作是运动的极限;任何一位古代哲学家都支持这样一个论点:若不使农民和家仆转变为奴隶,文明就不可能存在。然而,近代人都已成了自由人,而文明却绝没有因为这种自由而趋于衰落,而且已由第一阶段推进到第二阶段,在这第二阶段中,文明制度已比第一阶段拥有更多的资料,以便上升到第六和第七时期。的确,在近代人这里,当农民获得自由时可以实现农业协作社,而在希腊人那里是没有可能实现这种农业协作社的。

我们的社会结构使人民有可能摆脱专横暴虐所造成的苦难,而过去任何一位老爷的古怪癖性都会使人民遭受这种苦难的,例如有德行的伽图[①]曾逼令用烧红的铁在奴隶的额上,就如同在战马身上一样打上烙印。维吉·波立昂[②]曾为一件小过失就拿自己的奴隶去喂鳗鱼。大家都知道,希腊和罗马热爱自由的一切大名

---

① 马尔克·波尔茨·伽图(公元前234—前149年),是罗马的一位反动的政治家和著作家。——译者

② 维吉·波立昂(公元前一世纪后半叶),古罗马贵族,以好美食和虐待奴隶而出名。——译者

鼎鼎的共和派人士,曾为了取乐而从事一种刽子手的职业;善良的斯巴达人曾狩猎奴隶,为了练习弓箭而射杀奴隶,并且在当局认为适当的时候,还成千成万地消灭奴隶,以便减少奴隶的人数。近代文明导致了可怕的奴隶制度的消灭,达到了发展的顶点。我们却并未由此而得到幸福,因为文明制度不论在自己的任何阶段都不能提供幸福,而它所带来的灾祸却在或大或小的程度上多样化了。如果说,文明制度把实现决定第二阶段的本质的奴隶解放的企图推迟了,如果说,任何一位国王都未想到这件事,如果说,任何一种哲学都未提到这件事,那么,通过那逐渐产生奴隶自由的农业封建主义的道路是可以做到这件事的。由此可见,封建主义是第二阶段的萌芽,如同联邦式的家长制是第一阶段的萌芽一样。

在转到封建制度时,奴隶便由个人受奴役转变为集体的或结合起来的受奴役。野蛮制度的奴隶既然没有任何集团的联系,也没有他们的特权,那么他们的解放就只以个人获得特权为限,而人民大众则不会由此得到任何的益处来导致自由。封建社会的奴隶,或者说固着于土地上的农奴形成了绝不会被消灭的集团;集团所取得的特权一代代地传递下去,永久给公社的群众带来益处。由此可见,封建奴役制度无形中便唤起人民去争取他们在希腊人和罗马人那里被剥夺去的自由;因为我所说的人民仅只是那些手握犁柄的人,而不是那些以在公共场所出卖自己的嗓子为职业的吹牛家。

国王企图使各大藩臣服从自己,而对各藩臣所进行的斗争乃是强有力地促进农奴解放的一种情况;国王所关怀的是如何逐渐削弱封建的关系,为了这一目的便与公社结为联盟,而导致了各个城市和各个乡村的特权的扩大。

由此看来，在进入封建制度时，人民取得了走上自由的两根支柱。这两根支柱在第一个阶段，即在希腊人和罗马人的社会结构之下是不存在的。人民所得到的是：

1. 国王的支援，因为国王摧毁了联合藩臣们的暴虐政治，而具有胜过分散行动的统一行动的一切优点；

2. 集团的支援，因为集团经常在每一代都能了解领主的某些弱点，能够从父亲的吝啬中得到某一种特权，也能够从儿子的善行中得到另一种特权。

封建的或结合起来的奴役制在赋予人民这两种工具时，就成了自由的萌芽，而这种自由是人民大众在野蛮制度的奴隶制或者无联系的奴役制之下没有任何机会得到的。

农业封建主义虽然当它延长下去时，是令人讨厌的。但它却是社会运动中的最辉煌的行动之一。不过文明制度的一切行动，无论就其四个阶段的发生来说，或就其内部结构来说，都是极微妙的，而最有趣味的莫过于文明制度运动中的情欲的综合，在这种综合中七种主要的情欲都是以激变或相反的运动表现出来，而产生一系列经常的搏斗和那种秩序十分令人吃惊的恶性循环。但是由于从远处观察一切战斗要比从近处观察来得更清楚一些，所以，也只有在我们站在战场外面，即文明制度外面的时候，文明制度情欲破裂的这种理论才会真正闪现在我们眼前。那时，哲学家才会判断出，这种社会结构究竟是理性的顶点，抑或是疯狂地狱的王国。

撇开这些题外话不谈，现在我来研究文明制度的第二阶段。

从其发生的时候起，亦即从那成为第二阶段萌芽的封建主义的初期起,到解放行动突飞猛进的十八世纪初叶止,并未看到哲学为加速这个运动而参与其事。只是在十八世纪期间,它才开始参与这件事。但是这时由于各藩臣的削弱,这件事差不多已经完成了。封建主义呜呼哀哉了,农民已开始逐渐轻而易举地赎了身,人民已大踏步地向自由进军,在这个时候哲学才最后摆脱自己的消极作用,而开始参与这件事了。它还是依照它的习惯,把这件并没经过它的帮助而仅由时间所完成的改良的荣誉,记在它自己的账上。它重温了一下关于自由平等的陈词滥调,不过在这一次,哲学家们则宽大为怀地指出了农人也有公民的自由权,而这却是雅典和罗马的著名的正人君子们所不曾预料到的。

毋庸争辩,近代的诡辩派值得受赞扬的是,他们参与了破坏快要断气的封建主义;但他们之迟迟参与这件事可以证明,哲学家的流派是缺乏发明智慧的。的确,柏拉图、塞涅卡辈和一切神学派既然根本没有发现这个具有在无形中解放奴隶的性能的封建主义,那么,封建主义的行动所达到的成就愈大,它的成就也就愈加证明古代的哲学家们的智慧是多么贫乏,他们竟没有能力想出封建主义来。近代的哲学家的智慧也同样贫乏,他们竟没有能力以适应黑人和奴婢的情况所发生的必要的变化,把它运用于野蛮制度的黑奴和妇女身上去。

如果在印度和美洲要经历欧洲黑人和亚洲妇女的封建制度,这一过程也许不要五十年就可以完成,而且可以通过逐渐解放和没有政治激变的方法,慢慢地使这两种人都得到自由。

他们并未试图做这件事,甚至并未想过试图做这件事。所以,仅就封建主义这一点来说,就是一个证明,它证明古代和近代的哲学家们的盲目无知。经验告诉了他们，封建制度具有准备使奴隶获得自由并使他们不知不觉地得到自由的属性；因此，这种经验乃是应用于解放意图中的最优良方法。反之，哲学家们却支持个人解放和突然解放的方法，支持那种其可怕后果会使哲学家们蒙受耻辱，而且会使人对他们最值得称赞的事业例如离婚，引起反感的方法①。

他们在对黑人、对离婚等等方面的行动的失败，使政府更加拧紧了黑人和妇女的奴隶身上的锁链。因此，哲学的无能导致了运动在这两点上的倒退，而不是给它以前进的推动力。在许多目的

---

① 离婚本是完全正义的，而在文明制度之下却只是混乱的源泉。因为它只是应用在个别的人的关系上，而不是应用在集团中；造化是反对任何适用于个别的人的行动的，不管它是如何正义。上帝只是以大众或集团的行动作为善的基础的，无论怎样都不把个别的人的行动作为善的基础的；因此，如果说到慈悲，说到……解放或其他善行，只要是用在个别的人身上和通过个别的人，那就不可能实现善。必须首先组成一个为了劳动活动和情欲享受的具有团体和公会形成的社会体。离开这个办法根本不能指望有任何种类的善。如果上帝认为集体的行动优于个人行动，那么，他就应该制定，善发生在集体行动中，恶发生在个人行动中。所以，我们最理性的事业，如以慈善为目的的事业，固然是想部分地减轻苦难，结果却只会导致苦难的永世长存，这是没有什么可以奇怪的。当上帝希望什么东西时，他不希望一半；而且如果他规定，在无联系的制度延长下去时，当八种社会结构和无联系的家庭延长下去时，你们将都是穷人，那么，每一个富人捐输自己的一些剩余财物给穷人，来救济不幸的人，也都是完全徒然了。这样的捐献只会增加穷人对劳动的厌恶和穷人的数量，——文明制度的人将会同样不能逃脱上帝的诅咒，如果他们不是摆脱文明制度的话。

但为了摆脱文明制度——不管是用解放妇女的办法，或是用解放劳动者的办法，——必须有另外的领导者，而不是哲学家。我曾经指出过，他们对劳动人民关心太少，对妇女太暴虐。另一方面，文明制度的妇女奴性太重，太不诚实，而且太惯于屈从，以致不去考虑那导致她们女性解放的行动。同时，这些行动无论如何是同统治文明地区整个空间的天主教教条不协调的，而天主教扶植起来的甚至导致在敌视它的哲学家中间占支配地位的偏见，则是阻挠政治天才发展的最大障碍之一。由于哲学家太虚伪，他们在许多事业中陷于失败。

值得称赞的其他行动中,也遭到了同样的破产,例如攻击贵族的特权一事,进行得那么拙笨,以致竟不得不又使用了老一套办法,而在1789年中曾极受非议的习俗,竟会重新赢得了舆论的同情,——而且是出于真情,不过在有决定性的一点上,则取得了进步——在商业的精神上,它的支配权构成文明制度第三阶段的本质。我准备讲这一点,并不是为了详细地研究它所能产生的罪恶,而是为了证明,在这方面如同在其他许多方面一样,永远丧失了发明能力的哲学参与商业政治为时太晚了,在哲学家尚未发觉商业政治以前,商业政治就降生了,而且已经开始占据了支配的地位。

哲学家还是按照他们的老习惯,当他们看到商业政治在公众中间博得了巨大的成功时,他们就参与了商业体系,而且在这个时候,他们就像邮运马车里面的苍蝇一样,用文字发出了一片嗡嗡的叫声,以便使人们相信,不论在哪一方面,他们都是有用的。然而实情却是如此:在商业影响下所发生的政治变动,在它发生时并未被这个哲学界预见到,也未被觉察到,这个哲学界依然是忙于往后看,步古人的后尘。古代哲学家是拿商业作为笑柄的,并且就这方面来说,他们也许比近代的哲学家具有较多的常识,近代的哲学家过去从来没有干过像他们自从醉心于商业精神的时候起所干的那种政治上的蠢事。

文明制度的下降的阶段

第三阶段或衰落时期

全部特征:商业科学。

萌芽:变相的殖民地。

现在我们要讲到文明制度惹人伤感的地方了。大声疾呼地反对目前的狂妄无稽,反对那盛极一时的幻想——这是一个艰巨的任务。现在反对商业的妄诞,就是让自己被人诅咒,就如同在十八世纪反对罗马教皇和贵族的暴虐一样。如果需要在这两种危险作用上作一抉择的话,我认为,现在拿刺痛君主的真理来侮辱君主,不如侮辱商业精神来得危险。商业精神居统治地位已有几年了,如同暴君一般地在支配着文明制度和君主本身。

这对于道德家来说真是一件不愉快的事!他们的科学,即财富之敌,在这个彻头彻尾充满生意经的时代也许只能受到了冷遇;所以,大多数哲学家很识时务地抛弃了古代的文集,以便站到新的上帝——商业天才的旗帜下面的队伍中去。

〔道德界从政治经济学出现的时候起就处于绝望的境地,这也确是值得长篇史诗加以叙述的对象〕。作为这种背叛行为的后果,我们看到哲学界已成为国内战争灾难的牺牲品。突然走出空中楼阁的学派——经济学家们开始攻击希腊和罗马尊崇的教条,攻击真正美德的典范——希尼克学派、斯多葛学派:一切爱好贫穷和平凡的著名的爱好者完全被打败了,都在那投降于情欲的经济学家面前屈服了;神圣的柏拉图、神圣的塞涅卡都被他们赶下了宝座;斯巴达人的清水菜汤、新新纳图的萝卜,——全都在不信神的革新者面前转身逃遁了,因为这些革新者是容许喜爱糖、咖啡和金银这一类最可卑视的金属的。

让·雅克和马布利勇敢地保卫希腊和罗马的法权是枉然的,他们向各国人民提起古代伦理的真谛:"贫穷是幸福,应该抛弃富贵,毫不犹豫地接受哲学的信仰。"穷人塞涅卡的哲学宝库中的另一些品行箴言,也是枉然的:任何东西都无法抵抗新教条的打击;风气败坏的时代只沉浸于商业契约和一苏或一狄尼的贸易差额中;为了商业学校和商业友谊协会而抛弃波尔奇克和利吉叶的旗帜;最后,经济学家的出现乃是哲学界新的法塞勒斯之日。在这里,雅典和罗马的智慧和一切优美的古风都一败涂地。

换句话说,社会运动换了时代;它进入了第三阶段,在这个阶段商业精神领导着政治。经过了二千五百年对真理的刻苦钻研之后,哲学家结果是站到打着撒谎旗帜的队伍中去,因为老实说,什么是商业的结构呢?这是一种具有一切属性的胜利的骗局:破产、证券投机、垄断、纸币和形形色色的诈骗。

变相的殖民地(不同于宗主国的地区)是商业政治的发端。殖民地是产生垄断的原因,由于有利可图的垄断,拥有殖民地的国家就可以不在武装的成就上确立其优越地位,而在殖民地财富的势力上确立其优越地位,它借助于殖民地的财富,收买贫穷和好战的民族。

这样的事态完全改变了政治的进程和它的体系。在第一和第二阶段中,政治体系是直接的和农业的,在第三阶段就成为间接的和生意人的了。今后一切社会关系将在或多或少的程度上都带有这种变革的痕迹,整个文明制度将会具有新的色彩。在第一和第二阶段期间,它在犯罪行为本身上具有了尊贵或残酷的突出特点,在第三阶段,它变得厚颜无耻和卑劣,它戴上了假面具,并且把恶习变成为深思熟虑的制度。这就是商业时代在道德方面的突出的特点。

我并不想颂扬其他的时代；没有比下面的谚语再虚伪的了：

Aetas majorum pejor avis tulit

Nos nequiores[①]

文明制度过去是，将来也只能是一切罪恶的渊薮，但在每一阶段，它们都带有各种不同的色彩，如勇敢或卑鄙、粗暴或文雅，而在第三和第四阶段中，商业精神笼罩一切，所以这两个阶段，是我们看到在恶行发展的表现上卑劣比勇敢更为盛行的阶段。

上帝曾缜密地准备了商业垄断的诞生。为了顺利地把它们实现出来，需要一些大岛屿。大陆强国不能够长久地胜任这个角色，只要是能够从陆地向它进攻，它就会成为不及自己富裕的邻国的猎获物了。财力贫乏的军队，当它对坐守黄金的国家进攻时，大半是常胜的，而且倘若垄断组织仅只由像荷兰这样的大陆国家来实现，那它们的或多或少的巨大财富根本不会改变政治的进程的。因此，垄断组织需要有抵抗军队的屏障，它也只能在岛屿地区得到巨大的发展。

正是为了替这种垄断的王国打好基础，上帝就在旧大陆的各个不同地带上布置了一些大的岛屿，如英吉利、马达加斯加、婆罗洲、日本、新几内亚。这些岛群在发展上达到了文明制度之后，便形成有足够力量在头等强国中占一席地位的国家，但它们要想侵占大陆力量还嫌太薄弱了，因此他们除了以商业垄断来达到统治外，别无其他办法，而这种统治则是每一个国家在或大或小的程度

[①] 引自诗人贺拉西的颂诗《给罗马人》，诗句是："同祖父辈比起来感到惭愧弗如的父辈，生出了更不中用的我们……"——译者

上所一致企求的。这些岛屿分布在最便于通行的海面上，它们可以说就是上帝在大陆周围所散播的垄断种子，而且如果侥幸的机会在它们四邻导致了文明制度的工业和航海术的诞生，那么它们都会发挥现在英国所发挥的这种作用的。

最后，既然侥幸的机会导致了西欧文明制度的工业的发展，英国因此也就取得了上帝所赋予它用来包围旧大陆的大岛的作用。如果说，垄断的影响引起了新式的卑劣行为的发生，那么对它们横加批评依然是不正确的。因为文明制度既然是命定地要彻底发展各种各样的狡猾行为，如同野蛮制度应该发展各种各样的残暴行为一样，那就绝对必须使运动按照自己的进程进行，而且要在文明或野蛮的每一个阶段都看到上帝为每个阶段所特别规定的那种残酷和野蛮行为占统治地位。所以，当英国鼓舞起大陆的国家，使它们革命化的时候，当英国使他们的君主由于参加对印度的长征可以向英国索取一些奖励金而互相争吵的时候，当英国用封锁海洋、破坏中立、支持非洲海盗等等方法使各地发生富足中的贫困的时候，——英国并没有什么不对；反之，它实现了上帝的意向，上帝创造了英国、马达加斯加、日本等，是为了使它们保持资财以便在文明时代第三阶段中间来折磨地球，是为了使美妙的、应当在这第三阶段内趋于完善程度的航海术变成对人类的祸害。

我们不提出关于人类应如何跳出这种泥坑的问题（这是个绝对不能用英国侵略的方法所能解决的问题），而仅限于我们对下面这点表示惊奇：哲学家竟从来不曾预见到垄断的这种统治地位和构成文明运动第三阶段的这种商业的无政府状态。仅根据这一点我们就看出哲学家在文明发展的进程方面是多么愚昧无知。哲学家在什么机会下经过了多少世纪之后才过问商业事务,亦即过问他们在古代所卑视的对象呢?他们绝不曾想到,商业精神还能够在某些时期支配政治,他们不曾忘怀讥讽商业的优美古风,虽然从泰尔与迦太基的影响的实例中已经看到,商业强国能够最后使农业强国降服,而对整个管理制度发生影响。这种侵略,自从给予商业以发明罗盘和发现东印度与西印度群岛的新机会出现的时候起,就已经容易预见了。但商业的影响还没有降临,因而它永远不会到来,——这就是非精确的哲学的通常论断。它只是用向后看的眼光来看待运动。所以,未来的后一代人将会认为哲学的头脑是前后倒置的,从而只能往后看。

在十八世纪期间,政治和道德科学一直到很晚还支持那卑视商业的陈旧观点,法国在1788年所盛行的风气就是证据。当时小学生在相互争吵和诟骂时,常常说自己的敌手是商人的儿子,这在1789年以前还是一种最严厉的侮辱,但在1789年商人却一下子变成为半人半神了,因为整个哲学已开始站在商人一方面,并且把他们作为对哲学的意图大有用处的武器而捧得天花乱坠。于是,米拉波为了使自己扬名,竟想到开设一家小商店,招牌上写着:米拉波——呢绒商人,好像上帝要他永远不做任何别的事情似的。

提起这些小事主要是为了证明,哲学只是很晚才参与政治事件。为什么哲学对近代精神即商业精神的辩护抱这样迟迟等待的态度呢?为什么出色的古代哲学家没有像哲学家米拉波一样把自己装扮成商人呢?那是因为当时还没有殖民地垄断的影响的存在,而且"商业"一词还没有被允许放在钩心斗角的词典内。

商业精神只是在它取得了全胜的时候,才赢得了哲学方面的深刻敬仰;正像当商人们坐在由六匹马拉的马车上出现的时候,他们才开始赞颂这些愚昧无知的生意人:演说家就在那里颂扬他们的善行,也就在那里享受了他们的佳肴。哲学正就是这样对待商业精神的:它只是在商业精神达到登峰造极的时候,才开始爱抚它;但它过去曾经卑视它,就在它已经产生甚至已有所成就的时候,还是不承认它。葡萄牙、荷兰、西班牙和英国在很长时间内实现了商业的垄断,却没有使哲学家想起对它加以赞扬或者责难。这些不同的强国没有任何哲学科学的帮助也能够取得大量的财富,——推动它们的只是自私自利,光是这种自私自利就把垄断精神扩及于一切西方人,——商业在学者们尚未向它贡献自己知识以前,就已经取得了最迅速的成功。荷兰能够不向经济学家去请教任何东西,便创造了自己无比巨大的财富:当荷兰人已经积累了成吨的黄金时,经济学家们的学派还没有降生,哲学家在那个时候则都还在忙于查阅优美的古文或参与宗教的纷争。

最后,他们已开始觉察到,这种新的商业和垄断政治可以提供资料来充实其卷帙浩瀚的书籍,也可以搞出有权威的新的学派。在这个时候才看到哲学以各经济学家学派的身份而呱呱坠地,这些经济学家虽还出世不久,但其著作已经是汗牛充栋,至少可以希望同自己的前辈并驾齐驱了。

这些新来的陌生人依照一切诡辩家的习惯,尽量把对象扰乱,以便靠读他们著作的人过活,也可以说经济学家根本不会有什么发现,甚至还不知道他们所要解释的是什么,因为他们承认,对商业或政治的最重要问题,例如,关于人口的平衡和限额,他们的科学还没有扎实的基础。所以,这种科学也没有产生一定的效果,从而也就几乎看不出它究竟可以为什么效劳。但这对著作者来说并不重要:印刷机器全部开动,书籍畅销,哲学的目的也就达到了。

不妨来问一问经济学家们,在他们的抱负中是打算增加抑或减少这些政治灾难,例如,捐税的繁重、军队的庞大、阴谋家对财富的掠夺、破产的发展和商业的欺诈等。无可置疑的是,所有这些灾难从来没有像从政治经济学有所成就的时候起增长得这样迅速,——因此,使这门科学少作出点成绩,从而使罪恶也减少一些,这不是更好吗?

结果,他们的科学如同一切其他非精确的科学一样,乃是社会运动马车上的第五个车轮,社会运动的车子在向着自己的目标前进,而并不以参与其事的诡辩者为转移的,而且盲目无知的学者们对商业政治的影响发觉得如此之晚,当他们都来研究商业政治时,就已经发生了那推翻商业政治的革命的萌芽了。但未来的革命萌芽并没有吸引住文明制度的政治家们,他们只是关心他们眼前的事情、过去和现在的事情。现在,当商业精神把文明制度引导到它的第三阶段时,他们并不想对它作进一步的解释,他们照例是这样决定:事务的现状就是理性的尽善尽美。他们仅限于夸大其词地高谈阔论他们所看到的东西,而并未想到另一种制度会降临。可是当以后进入第四阶段时,当第四阶段经过某种革命方法而完全确立起来时,哲学家们在万事俱备之后也会参加进来,以便乘此机会来组成一个新的文学派别,并且还出售一大批关于新制度的书籍,而在这些书籍中他们还要发表理性尽善尽美的高论,就如同现在他们把生意经精神看作尽善尽美一样。

……

于是这样来安置一个浪人或者一位犹太人,就足以使大城市的商业团体完全解体,而且把最诚实的人引诱到犯罪的道路上去,因为一切破产都或多或少是犯罪的,虽然是用漂亮的借口来掩饰,如同以我所列举的那六种破产的借口来掩饰一样,而且在所有这些借口中差不多没有一点是真实的。真正的动机就在于,每一个狡猾的人都会抓住适当的机会进行诈骗而不受到惩罚。如果在破产之外再加上证券投机和成为哲学理论果实的许多其他的卑劣行为,那就容易赞同我前面已提出的意见。就是说,文明制度的人从来没有犯过像他们醉心于商业精神和这些体系时候起所犯的这么多的政治错误,因为这些体系断言,商人的各种企业只会是谋公共的福利,从而应该给予商人以完全的自由,而不必要求对他们行动的后果有任何保障。

对破产这件事置之不理,便得出了一个关于文明时期延长很久的重要说明。我们看到人们为什么在探寻摆脱文明的出路上拖延这么长的时间。在文明制度的四个阶段中,每一个阶段都产生了一些极可恨的掠夺行为,如破产、证券投机和其他商业的卑劣行为,这些掠夺行为很好地驳斥了关于社会完美的吹嘘。摆脱这些掠夺现象的方法是同那引导社会运动到另一时期的某种行动有联系的。摆脱破产和证券投机的方法,就是成立各种等级的协作社,而这种协作社乃是第六时期的措施。因此,破产、证券投机和目前盛行的商业欺诈——乃是上帝向理智提出的诱饵,以便使它对虚假的完美发生怀疑。上帝既然不能在口头上对这件事表示意见,他就不能不预见到这种情况：哲学上某些冥顽不灵的学派会压倒自然和引力的声音。正是为了使他们记起关于引力的研究，上帝才责成我们来看一看每一种与引力相对抗的体系的新社会灾难的表现。上帝制造灾难是为了证明哲学家的理论的滑稽可笑，破产和证券投机就是属于这种灾难之列的。任何罪恶在很大的程度上都不能够引起我们的改革家的注意，如果说他们对真理还具有一点点敬意的话，那就是他们把真理的名字加入他们的文字骗局之中来玷污真理。

怎样解释哲学家对商业的掠夺行为的卑鄙的宽容态度呢？他们曾经宣扬过教皇和国王的犯罪行为，却不敢大胆地说商业的犯罪行为。然而他们并不怕为这件事侮辱当局：君主和大臣们根本不袒护破产和证券投机，相反地——大官员们比任何时候都更关心保障货币财产。现在当文明制度的事业的不稳固促使每一个富人把自己一部分财产以纸币形式保藏时，阁员、部长和普通公民一样，都关心获得一种保障以反对大商人的宣布破产，因为他们是把自己的资金交给大商人保存的。他们将协助那保证社会免于商业破产的任何发明。君主也将有同样的意见，也许更甚。因为破产和证券投机的发展会在短时期内破坏极优良的财政制度。这两个灾难的统治可能使国家招致到比相当大的战役的失败还大的灾祸。这种情形在法国轰动一时的葡月战役①中看到了：巴黎的证券投机者建立了生意人的旺代保皇党，这件事本身造成了如同皇

---

① 傅立叶把法国共和三年葡月十三日（1795年10月5日）巴黎保皇党的暴动被镇压的事件称为"葡月的战役"。——译者

帝的胜利一样迅速的破坏。看到对国家的信心突然降低,会以为是发禄①统率着我们的军队。需要这种连续不断的胜利,以便抑制住那有消灭一切生产的危险的证券投机,而且当你想到关于法国所经历过的那种命运时,你就会不寒而栗,纵使它只是进行一次不分胜负的战斗,经过一次没有成功的失败。

当你看到最有权势的君主由于证券投机的诡计而如何丧失威信,并且因此而受到侮辱时,还会怀疑他们不采取杜绝这种捣乱分子的任何新办法吗?发明镇压他们的办法是很容易的;我在这里并不来指出这种办法,因为我不想对文明制度的事情多加谈论,因为我的对象仅限于揭露哲学家们的破产和卑劣行为,这些哲学家只会在破产、证券投机的恶劣行为面前谄媚阿谀;对他们来说,这种不求全责备的态度是比探索改正的办法更有把握的事情。他们甘冒不去发现它们的危险,然后宁愿把自己的期望放在浪费机智以写作巨著上,却不愿竭尽智力去从事那也许不会获致任何发现的工作。这些真理的假朋友,带着能写作任何题目的书籍的天才出现在世界上;他们靠著书为生,如同法律辩护士靠写申诉书为生一样。他们对探讨真理不大感兴趣,而对灌输和传播诡辩主义的兴趣则更大一些。他们醉心于博得好感的任何幻想:在十八世纪看到商业精神在公众中间有了巨大的成功,他们就开始写作有利于商业的著作,宽恕商业的强盗行为的一切表现,他们向我们说明这种强盗行为是理性的尽善尽美;然而到了明天,如果有新的幻想

---

① 特林西·发禄,公元前三世纪后半期罗马的统帅,公元前216年,他在与迦太基统帅汉尼拔于坎内附近的激战中几乎全军覆没。——译者

来代替生意人的体系时，他们将会把背转向商业，而这种背叛行为会给他们双重的好处，因为他们将会制造反对商业精神的著作，又可以制造有利于新幻想的著作。

政治和道德问题的一类著作家为了同那成为哲学的对映体的商业精神串通一气，需要真正具有奴才根性。仅仅一个哲学家的名称就会使一切商人耸耸肩膀，而如果在商业方面所肇始的事情希望在一切事务所中被否决掉，那么充当一个哲学家，就是使人们在尚未熟悉他以前就来责难他。商人有充分理由仇恨哲学：正是哲学用他的竞争的体系引起了商业的迅速增加，这是对浪人和犹太人的放任，这些犹太人和浪人破坏着一切纯洁的家园，与三十年前商业中所盛行的那种纯朴和诚实比较起来，已经把商业变成为痛苦的、危险的和受卑视的东西。当时虽然竞争剧烈，但也未曾使收入变得这样的困难。

为了自己旧教条的名誉，哲学家应该想尽方法努力创立商业精神的对立物，抑制它在政治方面的非法篡夺，而且要使社会制度受到农业和军人的影响，就像文明制度第一阶段和第二阶段所存在过的那样。这就是荣誉和理性向哲学家指出的抉择：研究这个问题，揭露和追究商业中掠夺行为的表现，他们就能获得我所讲过的那种发明，——各种不同阶梯的协作社的发明，从而来结束垄断和证券投机的破坏行为，为经济制度开辟新的活动场所，就如同火药的发明为战术开辟了新的途径一样。

然而，有一种情况使哲学家眼花缭乱：旧的商人财产的积累的庞大和迅速，赋予这个阶层独立性和高度思考能力的外貌，把可与大国官员相匹敌的交易所投机者们的奢华扩及那种就是最普通的人也能够理解而且不到一年就可以做到的低级行为中——所有这种光辉使学者们为之目眩神迷,而他们要赚得几个钱,就不得不在许多夜里通宵不眠,就不得不想出无数的阴谋诡计;他们为商业财神的外貌而惊愕;他们在屈从和批评之间动摇不定,黄金的重量超过了另一个秤盘,学者们最后还是变成了商人的最忠实的仆人。在以前的几世纪中,哲学家曾经大胆地批评过财政家,著作界曾对他们加以无情的嘲笑,却很少人对幸运之神们的奢侈浪费痛心疾首。现在当理性有了进步的时候,哲学家所馨香祝祷的只是金钱。光荣之神已经不是把他的一百个声音献给诗神和他们的门徒,而是献给商业和它的英雄们了。根本不再谈关于英明、善行,以及关于道德一类的话了,那些一心一意献身于支持商业的著作家已不再使用这一切字眼了。对国家民族的真正光荣、真正伟大就在于,卖给邻人的衬裤多过从他们那里买进来的衬裤。十九世纪的杰出的天才,就是那些教导我们为什么糖市见疲而肥皂趋跌、为什交易所兑换行市下降或上升的人物。如果他们用利维尔、苏和狄尼向我们解释清了这些伟大的秘密,那就为他们设立纪念堂。演说家如果不在每一句话中插进关于商业的好处的话,就不敢发表演说。甚至君主也会很快把"商人"的荣誉称号加在自己的头上,如同在某个时期他们曾把"人民之父"的称号加在自己的头上一样,而且为了使自己家喻户晓,他们必须公开地有所表示,他们会用一堆棉花作为宝座,会用一块肥皂刻成的印章来代替玉玺,在他们面前举几束树条作为标帜了。君主们有多少恩惠要归功于商人政治啊!他们分明看见自己的宝座由于法国与英国之间的商业竞争而发生动摇和倒塌；分明见过路易十六[①]、他的家族和法国一部分上等人由于糖和咖啡的争论而被送上了断头台。

永远热衷于自己嗜好的法国，大概比任何其他国家更盲目地陶醉于时代的妄诞。所以，在法国除开对商业的福利外，他们不能想出、说出和写出任何东西来。抒情诗女神已经在用花点缀这个新的活动场所：从著作家充满了对奶油和肥皂的热烈爱好的时候起，抒情诗女神也就不得不去接近街角的小店铺的老板了；文雅的修辞代替了从前商人的语言，而且现在他们也用演说家的风度来讲话了："糖、英镑趋跌，见疲"——这就是说，伦敦的行情下降了。"肥皂有起色"，就是说价格要上涨。几年以前你在讲到这群唯利是图的大商人时，也许说过："这些吸血鬼用他们的阴谋诡计造成了某种商品的缺货和涨价。"现在呢，他们的诡计成了歌颂的理由，而且光荣之神以诗人品达的腔调来传达他们的事迹说"肥皂突现扶摇直上之势"。在这些辞藻中，你看，简直就像肥皂块已飞上云霄，而肥皂商人的名字也就传遍了全宇宙。凡是同商业有关的任何物品，哪怕只是四分之一磅的干酪，哲学家都要加以描述，说成是一种高贵的东西。在他们的笔下，酒精桶变成为芬芳油瓶，干酪放出了玫瑰花的芬芳，肥皂则使百合花的白色显得暗淡无光。所有这些形形色色的雄辩有力地促进着实业的成功，实业从它同哲学家的联盟中获得了所能期待的东西：空话连篇，无补于事。

---

① 路易十六(1754—1793年)，法国国王，在法国资产阶级革命时期被国民公会判处死刑。——译者

正是现在让·雅克完全可以这样说了:"值得嘲笑的现象从莫里哀时代起发生了变化;但是要来写出那种值得嘲笑的新现象,就是莫里哀也嫌不够。"难道说在哲学家这种商业的狂热中,除了异想天开的空话用以使印刷机器全部开动并且给游手好闲者以争论的食粮外,还能看到其他什么新的东西吗?这就是将被商业狂所取而代之的磁性和友爱。难道说过去什么时候曾看到有过像从商业精神统治哲学家时候起这样地鼓励证券投机和破产吗?曾经在经济方面看到这样多的掠夺行为的表现吗?

由于一个岛国因旧法国的萧条而靠垄断和海盗行为大发其财,——于是乎古代一切哲学都有了缺陷,于是乎商业就变成了民族的智慧、真理和幸福的唯一捷径。于是乎商人也就变成了社会的柱石,一切内阁都竞相在一小撮英国商人面前妄自菲薄,其实只要用比在一次战役中所损失的兵员数量还要少的军队,就能使这一小撮英国商人化为乌有。

的确,我假定法国和俄国可以达成协议,以便从英国人手里夺取亚洲,并使亚洲专为大陆国家开放:这一次长征只用十万人就够了,其中六万人派去长征印度,五万人派遣至涅尔琴斯克(尼布楚)和朝鲜,以便在那里建立基地而向中国和日本的方面开刀。我们看到,欧洲的一切内阁不是采取这种手段和夺取英国用以颠覆欧洲的财宝,却为欧洲能够直接在印度取得的可怜的一点奖励金而陷于麻痹;我们看到,欧洲的皇帝们如何拜倒在中国主人之前。克莱维公爵梦想用二万英国人征服中国,而在一百年以前中国却曾被八千俄国人所战败。需要补充的是,在伟大的中国军队中间有大量的炮兵对抗俄国人,而俄国人却只有十尊大炮,而且由于吃弹药不足的亏,曾被迫固守涅尔琴斯克;而中国军队的优越地位却只应归功于那些指挥中国军队的法国传教士们。

这样的事件赋予政治思辨以广大的活动余地,而且促起欧洲向亚洲开刀;但一切智慧都在经济学家们所设想出来的那些哲学的算盘和几苏、几狄尼的计较上被庸俗化了,而经济学家之所以想出这些东西来,则是为了填充和销售他们的厚书,而在他们的书籍中却未填进像从英国人手里夺取亚洲这种合理性的建议。如果认为推翻英国的垄断和在政治上恢复农业制度是极容易的事,那就要有一种相信魔法的诱惑出现,同时会看到,整个欧洲将如何被商业诡辩主义所左右,而把重利盘剥者和证券投机者以及生产劳动的其他天然敌人都捧到天上去,这些人没有任何别的目的,只有每天在商业上兴风作浪,以便用高利贷来压榨社会,而高利贷就是从这些不断的风浪中产生出来的。

现在我们且停止这些皮相的责难,因为要使这些责难达到分量充足还需要加以注释,而这种注释在本文中是做不到的。我将在另外的文章中详细说明现在的商业制度的荒谬;此刻我们且谈一下另一个值得思考的问题:如果上帝愿诚实在经济方面获得胜利,那么你们就会认为商业成为他想在今后允许存在的交换方式吗?试想一想一切民族对商业的天然的卑视以及你们自己的难以抑制的卑视,那你们就可以感觉到,商业乃是一种违反上帝意旨而仅适合于文明制度的偶然的混乱现象,因为它是虚伪的胜利,就如同最高限价和征用适合于野蛮制度一样,因为这是强制手段的胜利。但是除了最高限价和商业之外,还有很多别种交换方式;有适合于第六时期、第七时期以及最后适合于协调制度的各种交换方式。当所有这些方式都为大家所熟知的时候（而这也不会使我们等待很久），干吗还用得着去请教那些被名为经济学家的哲学家们所成堆炮制出来的商业理论呢？

文明的各族人民啊！你们能够值得人们原谅的是，你们的智慧不够，但你们不能值得人们原谅的是，你们没有足够的高尚德性和常识，你们竟这样迟迟不来驱逐这些科学，这些科学曾在二十五个世纪的漫长期间使你们盲目信仰，每天用诈骗的经验折磨你们，你们还这样迟迟不来驱逐这些学者。这些学者向你们把灾难说成美事，而上帝却要用这些灾难来刺激你们，使你们知道为你们的无能而害羞，并激起你们去研究自然和引力。

政治科学的著作者们，我对你们现在的幻想、你们的商业狂热中值得嘲笑的一个方面提出责难。我向你们提出责难的是破产的盛行，你们以缄默和对探寻根除它的方法持漠不关心的态度来庇护它。在商业制度中还有许多其他同样可耻的罪恶，关于这些罪恶，我在这篇简短的概论中避开不谈，在这里甚至对破产的卑鄙行为也不能作较详细的叙述。但是关于破产或其他罪恶的任何详细情节都会得出这样的结论：哲学家总是文明时代每个阶段中一切有影响的邪恶的坚决颂扬者，然而只要一进入应该就要出现的第四阶段，他们就会开始赞扬第四阶段的值得嘲笑的方面，就如同现在他们赞扬那成为第三阶段的命运的可耻的商业行为一样。由于商业的无限制的自由所产生的罪恶洪流，承认商业无限制自由的危险性的时候已经临近了；人们将向着相反的极端移动，它的萌芽已开始出现，并且远远地宣告了第四阶段的诞生。

第四阶段或凋谢时期

全部特征：……
萌芽：……

幸而来不及出现的第四阶段，是文明制度的凋谢时期，是这个社会将由已经极可讨厌的特征转到更加可讨厌的一个世纪。当为你们已开辟了逃避它的道路而可以毫不耽搁地过渡到无限幸福的时候，为什么还要来指出它的秩序，还要把你们的视线投向你们可能遭遇到的新的苦难上呢？

衰老的年龄在社会中不会产生出任何良好的东西，不会在各个人身上产生更多的东西，——由此可以推想，文明制度下的人的卑鄙和恶劣行为在第四阶段将会变本加厉，现在，当我们尚只是处在第三阶段中叶的时候，文明制度还保持着成为它青年时期的特征的尊贵和豪放的表面光彩；但这种热情随着商业精神的发展立刻就会衰微下去，商业精神是高贵感的对立物，它会推动社会在一切方面趋向权术。商业民族，从迦太基到英国，就是它的证据。要他们谴责犯罪行为是不可能的，因为，犯罪——乃是名副其实的文明制度的灵魂，文明制度靠犯罪为生，就像乌鸦靠腐肉为生一样。

从社会犯罪和阴谋诡计不再占统治地位的时候起，文明制度才会被消灭。所以，不能因为它的犯罪而批评这个社会，而只能就占支配地位的犯罪形态来批评它。我说，商业精神主宰一切的第三和第四阶段，赋予犯罪外表上比较好看的形式，但却更加可憎和更加精密。我们且以处死奴隶的政治考虑作为例子，而把古代人和近代人的办法作一比较。

斯巴达人处死奴隶的考虑很简单,当嫌奴隶人数过多时,他们就干脆把他们杀死,他们处死奴隶除了给在闲逛时以射杀田间耕作者为乐的共和国青年提供练习射箭的好处以外,就没有别的打算。

循着文明的道路上继续前进的罗马人已经在摧残奴隶上展开了更多的政治活动;他们强迫奴隶从事水战,使他们互相厮杀,直到剩下最后的一个,以取悦于优美的古代人富于敏感的心灵,并且在他们中培养起文明制度善行的萌芽。近代人比古代人有种种优点,如理性的完美和商业的教化,所以近代人想必是接受了这些杀害奴隶的宝贵知识;正因为如此,所以有一些人按照美国殖民者的方法使黑人由于过度的劳动慢慢死去而趋于灭亡,因为这些美国殖民者认为在市场上买进的奴隶比在移民中养育的幼儿价钱便宜些。另一种人,如英国人,是在把被他们运到市场上去的奴隶从非洲向美洲贩运中加以毒害的——这些不幸的人经过几个月的时间就会为哲学家的原则的光荣而死去,这条原则是让商人去活动吧!他们对加速商业成功的手段所抱的希望是永远不会落空的,——因此,他们所使用的奴隶,中毒的要比健康的多得多。近代人这些使黑人慢慢死去和中毒的科学惩罚,无可置辩地证明了在商业制度的庇护下理性的完善和崇高真理的胜利。

由于这些良好制度的扩展,奴隶在文明时代的第四阶段很快地就找到了更加巧妙的死法;我说他们是奴隶,是因为在文明制度延续的时期,人民全体都是富人的奴隶。

我们在各种不同的情况下看到商业公司对人民的关系是多么充满了慈父般的态度;我们看到,印度荷兰公司如何为了能够大量收购大米,不惜冒普遍引起饥荒的危险,同时命令农夫们在田地上播种罂粟;这个公司得到了出乎意外的成功,可是成千的印度人却由于这种科学手法而被饿死。我们看到,荷兰公司每年在摩鹿加群岛要毁掉肉豆蔻树和肉桂树,还烧毁在阿姆斯特丹的这种商品的货栈,以此来抬高价格。如果他们利用哲学家希望为他们保障的那种绝对自由的话,他们会把他们对肉桂树所干的勾当用在粮食上,他们会烧毁粮食以引起恐慌,而靠饥荒来发财致富。如果他们侥幸逃脱断粮挨饿的人民的追究,逃脱害怕激起人民愤怒的政府的干涉,那么很快就会看到,在大丰收之年中,一天之内就可以由于商人采取一些联合的活动而发生饥荒,而亚当·斯密却认为这些商人还太薄弱了。现在,在他们还没有完全统一团结的情况下,他们有时已经就能造成饥荒,尽管有受到被征用和群众报复的威胁,尽管还冒着由政府出面干涉的危险,因为政府在必要时会强迫他们开仓的。

粮食的垄断者现在已经时常轻视这些危险了;如果他们享受了强大势力的保护,能够有把握地组成联邦公司和设立掠夺收获物的代理店,那又将会发生什么事情呢?

文明制度在大踏步地向这个变革前进;我们行将在欧洲看到大规模有组织的饥馑和新式的恐怖。尼禄和罗伯斯庇尔与那挣脱了锁链的反对人民的商业天才们比较起来,简直是一个小孩子。

〔最后,大踏步地逼近了第四阶段;这个阶段把专制君主同商人联合在一起,而且是由这种事物秩序所产生的……〕

你们且莫急于要知道我还不详细知道的这第四阶段的情形吧。而仅限于想一想这篇论文的对象,注意一下你们的政治科学在你们的命运方面,甚至在关于最接近文明制度时期而又为现在知识所最易于理解的那些变动方面,竟不能够有丝毫的发现吧!你们的经济学家们既不能预见到那能够导致第六社会时期的善良行动,也不能够预见到那能够产生文明时代第四阶段,以及以这个阶段为其根源的新社会灾难的有害的新设施。

你们离开它并不远:已经不止一个诡辩主义想在你们中间把这一阶段培植起来;你们很快地会看到,现今的空中楼阁,即你们的商业怎样借助于各种措施来掠劫财产。这些措施使生产量蒙受损失,却不使基金蒙受损失,而且会使土地所有者沦于对商业依赖的农奴地位,沦于虚构的自由和实在的奴隶地位。

如果你们对巨大的变革已在酝酿,而且对它已有了使商业和财政体系取得统治的萌芽发生怀疑的话,那就会妨碍你们看到那把你引向正确道路的一个指标。你们在文明制度的一切方面都觉察到军事地位的不断增长,从而赋税也不断增高。这两者……每天都有进展,最后应会导致一种大变革,这种变革你们是可以预先感觉到的,不过还不能确定它的形式,而且这种变革也就是进入第四阶段的前奏。我看见它的萌芽如何在习俗中透露出来,这在你们看来似乎是微不足道的。因为你们不善于从它的平凡的第一步来预见运动的未来后果。基督教和伊斯兰教在其刚诞生时只不过是一些微不足道的细小现象,可是结果征服了和瓜分了整个地球。对某些有害的习惯也是如此,你们把它们掩盖起来,不会预见到其将来所能取得的任何发展。然而,你们每个人都知道,最大的河流发源于普通的山泉,冲毁整个村庄的雪崩是由轻飘飘的雪花造成的。所以,要懂得,你们认为完全没有什么差别的习俗,以后会产生极广泛的变化,而文明时代第四阶段或破坏性运动的第六时期也会从你们认为最不值得注意的那些习俗中产生的。你们看见在1789年以前如何组成了俱乐部,而善良的人们又是抱着完全天真烂漫的心情加入俱乐部的。可是,俱乐部在获得某种程度的影响之后,就具有一种使文明制度开倒车、退回到野蛮制度或第四社会时期的性质。从而,这个机构(俱乐部)就打开了下降的出口,即返回野蛮制度时代的大门。这种情况你们预见到了吗? 回忆一下现在一代人所沉醉的这种政治上的笨拙,你们就会不寒而栗,尽管他们伪装很有教养,还是可以得出结论:你们在社会运动事业上是盲目者,既不通晓上进的道路,同样也不通晓下降的道路,——在你们还继续信任非精确的哲学时,你们在这方面将会长久地陷入迷惘,而且,这种哲学的杜撰者在他们的事业上是抱着压制情欲或指导情欲的目的,正如人们屡次对他们所说的那样,他们好像是在火药库里放烟火取乐却毫不怀疑会发生任何危险的小孩子一样。

道　　德

　　道德！！！这个名词会产生多么忧郁的思想啊！道德！！！一提到这个名词，小孩子就以为他看见以戒尺为武器的老师，年轻的妇女就想到拿苦恼事麻烦人的嫉妒心强的人；一提到道德，老实人就想到那许多常常拿道德作假面具的阴谋家和罪犯。如果只说到以攻击王座和祭坛为时髦的十八世纪，那我们看到，道德家狄德罗曾表示希望要以折磨国王来毁掉王座，以折磨神甫毁掉祭坛，而道德家莱纳尔则要求拿发辫在国王的头上戏弄；这些言词——从道德家方面来说，没有什么惊人的地方，因为这些道德家永远只是文字上的变色龙，他们有接受每个世纪的占支配地位的色彩的能力。

　　圣经上关于巴比伦尖塔建筑的故事不正是用比喻来描写道德和道德家们吗？圣经的故事说："他们决定建设一座宏伟的公共建筑物；当工程在进行时，他们就开始发生分歧了，——他们彼此不想更进一步的了解；他们不得不散伙，伟大的工程没有完成，以致证明它的创造人是失败了。"[①]这真是关于道德家的历史：他们出产了数不胜数的体系，以致使他们彼此不再互相了解，以致有多少个教师，就宣传多少种学说。

---

① 傅立叶在这里随意引述《圣经》中相应的引文。——译者

这是一种对阴谋家很合适的科学，是承认一切写作家的权利的科学，不管他们的原则如何不同，但是都有一个条件，就是他们都要以学派的假面具、道德家的名义来掩饰自己。只要他们拿这个名称作为自己的盾牌，他们就可以宣传赞成和反对杀人或恩赐，——他们就像是医生，这样或那样都对。我可举例来证明。

莱库格斯教导他的民族在狩猎时杀死农夫作为消遣，当这些农夫繁衍得太多时，就大批地杀害他们。同时，莱库格斯是掩饰这些杀害行为的法典的创造者。斯巴达人也就这样地组织对自己的忠实奴仆的屠杀，而莱库格斯和斯巴达人在宣传平等的十八世纪哲学家们眼中都是伟大的人物。

这位莱库格斯还极端厌恶女子，在他的法典中规定鼓励好男色，认为好男色是善行的衣钵和道德的基础。他把那有爱女色癖好的男子打上耻辱的烙印。他教斯巴达的高傲的共和国人把自己年轻的男孩奉献给国王和显贵人物；最后他组成那曾经存在过一个时期的声名狼藉的好男色人的民族。而莱库格斯却被十八世纪的哲学家和牧师们宣布为伟大的道德学家，可是十八世纪的哲学家和牧师却称好男色是违反天性的犯罪行为！

如果谁愿意，就让他去同意这些矛盾吧！可是我认为必须从此得出一个结论：道德家的称号乃是一种掩盖一切作家的骗局，以及一切立法者奇思怪想的东西；如果鼓励仇恨女子和屠杀奴仆的莱库格斯是道德家，那么为什么不会出现宣传兽奸和称颂比利牛斯山牧童（因为他们用母羊代替女牧童）的另一种狂人，而成了兽畜道德派的创立者，而这个兽畜道德学派也会在哲学家中间占一席地位。这样的传道者也完全有同样的权利享受像莱库格斯、第欧根尼以及他们的辩护人马布利、卢梭等人的荣誉。

难道说还有什么妄诞和犯罪的事情,道德家不来鼓励和用赞美诗来为它们作掩护的吗?……

我们且不去责难这种滑稽可笑的事情:这是任何人都不会争辩的道德科学的恶劣品质。我们且来说明这一科学部门的起源以及可以期待于它的后果。

道德的起源

……

对道德学家来说,在希腊一切都进行得很好,但在罗马,情况就变了:道德家宗派由于在罗马搞了一次阴谋诡计,已经不再被人所承认了,伽图曾要求把所有的哲学家都从罗马驱逐出去。道德学家只是随着奢华生活的出现才出现在罗马:监守自盗犯萨留斯提[①]是最早的一位写书宣传卑视富贵的人,可是他自己绝不卑视富贵;然而,无论是他或其他道德学家都没有想到组成像希腊那样的学派。你们还看到,塞涅卡在尼禄时代,当他还毫不受人尊敬的时候是如何称颂贫寒的。但一旦当你像塞涅卡那样拥有六千万土耳其利维尔银币的财产时,就可以宣布最荒谬的意见而有把握博得掌声。

在给道德科学辉煌灿烂的时代作总结时,我们看到,道德科学

---

① 凯·萨留斯提·克利斯普(公元前86—前35年),古罗马历史学家和政客。他在非洲任总督时,利用职权营私舞弊。——译者

是奢华的儿女，它与奢华而俱生，也与奢华而俱亡，它侈谈反对奢华，乃是凌辱自己的亲生母亲，背弃母亲。在斯巴达没有道德学家，因为奢华从那里被赶走了，不过在斯巴达还像在雅典一样，同样有犯罪行为，也许还更多些。在罗马，当新新纳图煮萝卜来招待元老院的使节时，当时还没有道德学家①。因此，道德哲学只有在具有巨大财富的地方才会存在——没有奢华，它们的科学就不能存在，而这门科学的创造者却起来反对奢华，应该想一想这种科学究竟是什么科学呢？

归根结蒂，道德，当它适应情况时，乃是供有闲者娱乐的无聊的空话，所以，它为便于同近代人打交道已大大地变得温和了，因为近代人已经不再尊敬青菜萝卜，因而道德学家也已经可以不卑视富贵，——只是应该对他们表示不注意或不重视而已，——这是一种滑稽可笑的说法，这种说法很微妙地证明了这个学派在选词上以及在选择手段上已达到登峰造极的地步了。可怜的道德重新又出现在近代人中间了，以求在这里得到善终。它徒劳无益地搜寻古人的空话，以及古人反对情欲和富裕的种种激烈言辞，——有一个注定使它化为乌有的缺点，这就是它现在脱离了迷信的仪式，而迷信仪式却是唯一适合于文明制度的资产阶级和普通人民的娱

---

① 请让我说明，并且让我颂扬新新纳图和第欧根尼，他们通过他们的衣服的破洞显示出一种自尊心。当这种美德成为一种虚荣心时，在相信它是美之前，还需要慎重。在像罗马这样一个起初是贫穷和民主的国度里，人民对于喜爱豪华的人是不表示好感的：爱贫寒是获得选票的基础。如果说，功名心推动西克斯特五世处心积虑一直到老都想夺取王座，那么这种功名心也可以完全激起新新纳图用罐子装萝卜来招待罗马的使节，只要他暗中犒劳自己就够了，就像那些实际上并不贫困但却要假装贫困的人所作所为那样。

乐。被道德学称为"骗子"的人完全可以预见到，脱离宗教就是毁灭自己。各族人民都只尊重那借助于神和君主来抑制他们的人，虽然地狱看来在社会结构中是第五号车轮，可是它却真有很大的用处，它的用处就在于，作为社会舆论的暴政来影响文明制度的儿童，使他们很早地习惯于成为文明制度的伦理轴心的那种恐怖；从这个意义来看，我觉得，想出一个地狱是人们的杰作。

非精确的科学和人有同样的情形：它们只能维持于若干时间，而最后必成为可笑的东西。现在道德学派的命运就是如此：它差不多已经消失了，现在仅仅打算装扮上某些时髦的术语，如解析方法来重新出现，它用这些方法武装起来，以便对情欲射出几支无力的箭矢。它的微不足道好比那已被解职归田的老人，却依然用自己的语言谈论那不复为他们所熟悉的现今时代。

你们这些贪图做我们的领导者的道德学家，你们堆起了这像小山一样的书籍，就是最有学问的人在这些书册中也只会看到无出路的混乱，如果你们不是死抱住自己的教条，而是坦白承认自己教条的渺小，那你们将会受到更大得多的尊敬。如果你们之中有谁想出人头地，那他只要抓住一点就行：攻击整个的学派，并且向它坦白地说明真相，因为这个学派硬说在探寻真理。这就是关于你们的真理。

你们都是无赖骗子，因为你们的教条彼此是不相符合的，既然是一百个道德学家宣传一百种相互矛盾的学说，便没有可能把这些学说融合成得到一致同意的理论。

你们都是无赖骗子，因为你们的教条是不能够同经验相吻合的，而且经过考验之后，你们答应多少善举，就会产生多少灾难。

你们都是无赖骗子,因为你们对自己并未使用自己的解毒剂:你们指出了压制情欲以便得到幸福的办法,可是,你们根本就没有使用这些办法,你们还是一些比所有人更受自己情欲支配的庸夫俗子。

你们在一切方面都是无赖骗子,甚至你们体系中所预料的后果也是如此,因为这些旨在反对情欲的体系是用各种不同的方法使文明制度退回到游牧制度,公开鼓动返回到你们可能不敢向往的方向去。

祝贺你们被三四次宣布为无赖骗子。你们要为你们的科学的破产而感到安慰,因为这个耻辱对你们来说将是一条无比幸福的道路,而且对你们教条错误的嘲笑将会被你们文学才能的重要性所压倒。这种宣布在协调制度下将是极有益而合乎愿望的,但在文明制度之下则是被蔑视的,因为在文明制度之下除了积累黄金的艺术外,没有一样东西是好的。

过去对道德科学表现了惊人的冷淡;人们从来没有研究过它们究竟是为谁服务的问题。原来是由于它们的方法的微不足道,它们成了多余的东西,更由于它们的庸俗道德的不准确性,它们还是危险的东西。

1. 它们是多余的东西,因为它们干预了政治行动,干预了作为政治的两个部门的行政和宗教的事务。道德学家在这种场合是个无用的机械,因为他们自己缺少使人遵循他们的庸俗道德的任何办法。

2. 他们是危险的东西,因为它们想凌驾在行政的或宗教的训令之上,因而给它们再加上一些附带的庸俗道德,而这些庸俗道德则是根据每个道德学家的不同癖好而各不相同,常常是削弱或者是以可笑的观点来表述行政或宗教的命令。

为了作为证据,我准备分析其中的一点,并且为此尽可能选择比较新的一点,因为现代的作者自认为比古人具有更多的智慧,自以为认清了古人的谬误。现在我们来谈一谈庸俗道德:你们要高高兴兴地纳税。这是从那位圣-兰伯特①先生的《总问答释疑》中摘出来的。此人曾经受法国部长涅沙图②通令表扬。

要人们高高兴兴纳税,就是说这种要求比君主的要求还高得多:君主只命令我们简简单单地纳税,并不要求我们高兴,只要钱就是了。他允许我们对这件事提出抗议和悄悄地吵闹,只要我们纳税就行了。道德学家却要我们一看见税吏进门便高兴得手舞足蹈,道德学家的动机究竟何在呢?他们是这样的:

他觉得,他的科学如果只限于拥护无条件的和普通的法令——纳税,将成为政治和宗教的应声虫,因为政治和宗教这两界曾经雷厉风行地支持过这个法令,它们比纤弱的哲学要强大得多。所以,行政和宗教教导我们应该用纳税来报答统治者凯撒就已经够了。道德学家向我们重复那绝对和简单的意见,他是在执行第五号车轮的工作。也正因为如此,他想再增加些玩意儿以便来提高自己,于是向我们说,要高高兴兴地纳税;"高兴"这个词使本来极英明的法令变得可笑,因为正如政治学所要求的那样,法令应该是简单明了的。

---

① 让·法朗塞·德·圣-兰伯特(1716—1803年),法国诗人和哲学家,接近百科全书派。——译者
② 德·涅沙图(1750—1828年)是法国政治活动家和作家。——译者

但这种意见决不仅适用于道德:任何一种科学都不应该干预根本不需要干预的事。为了考验道德学家对纳税会发生怎样的影响,不妨把某一省的税务工作包给他们去做,而不必给他们任何支持——让他们依靠他们的具有教诲意义的解释而不要依靠任何权力去设法收税;在这个省内张贴布告:各人可自由纳税或者按他认为{从道德观点看}符合道德学家训诫的适当数量来交纳。结果,这些道德学家将不会从农民那里收到一个奥波尔,因为农民不懂得哲学家的演说中的任何东西,而且当任何一种科学要钱的时候,他们是不会去接受它的。道德学家从城市市民那里也得不到一点东西,因为市民读了道德的注释,并不把它们应用于实践,他们是除金钱外的一切方面的哲学家。

一想到要人高高兴兴地纳税,便激起了人们对道德和道德学家或许是对政府的猛烈的讽刺。如果不是对法令增加一些道德附加物的话,便不会有这些不愉快的事情。

这个宝贵的意见——高高兴兴地纳税——的作者,什么时候证明过他在纳税时是高高兴兴的,这是使人可疑的。这里就是一个说明。在作者的《总问答释疑》发表之后,他被赐予三千法郎的养老金,在他写给吕西安·波拿巴[①]部长的感谢信中证明他对这件事是多么高兴。信中说,为文艺界得到这位部长的领导而庆幸。如果说,他是在得到金钱时这样公开表示高兴,那么为什么他却要别人在失去金钱时高兴呢?请他也允许我们像他一样,更愿意收

---

① 吕西安·波拿巴(1775—1840年),是拿破仑第一的兄弟,曾担任过短时期的内政部长。——译者

入而不愿意支出。

道德学家不断向自然界求援,你们愿不愿听一听自然人对这个问题的意见呢?你们要向你们所说的自然人(蒙昧人)请教;你们且听一听一些以使节的身份来到波士顿的蒙昧人的讲话吧!根本不是证明他们有纳税的嗜好,他们出席国会时宣称:"我们来自遥远的地方,而且我们听说,你们要给我们银饰——我们表示高兴地接受。"再来听一听另外一些蒙昧人——萨莫耶德人谒见俄国女皇的使节的讲话;他们劈头就说:"我们来请求您颁布法律,使俄国人不再搜刮我们,"也就是说,"我们不高兴交纳你们要求于我们的捐税"。你们可以得出结论,在这里也和在任何别的地方一样,自然的呼声是和道德的庸俗条文根本背道而驰的。

但愿人们不要说,我谈论这些是为了证明一切人都表示同意的某一件值得嘲笑的事;因为像这种值得嘲笑的事在一切道德派系中比比皆是。圣-兰伯特先生的《总问答释疑》中的这段引文,一切学派都奉最高的敕令而加以赞扬。它其中包含着二十二条训示,这二十二条训示都和前面所说过的那一条一样的多余,一样的好笑,虽然在这里乍一看去显得滑稽可笑的地方少一些。我绝没有对这位值得尊敬的死者含有任何讽刺的意思,我只是想分析一下他的训诫,证明我自己的看法:道德是多余的和危险的。

由于字里行间处处遇到矛盾,这门科学显得尤其滑稽可笑。例如,这些建议高高兴兴地纳税的哲学家同时还建议给予不愿交纳任何捐税的宗派,如给教友派①信徒和犹太人以公民权。教友派的宗

---

① 教友派是十七世纪中叶在英国产生的一个新教派。——译者

教禁止信徒纳税和携带武器。奇怪的是，在这么需要捐税和士兵的法国，哲学家竟建议容忍这些教友派信徒和犹太人。教友派信徒公开地拒绝纳税和练兵，而犹太人虽不公开拒绝，却善于很巧妙地达到逃避的目的，以致从犹太人那里既不能得到金钱，也不能募到新兵。

道德学家无疑义地会认为，应该原谅犹太人这些小过错，因为他们卑视财富和热爱真理是尽人皆知的。哲学家的智慧糊涂得出奇：他不允许他的诡辩主义有丝毫的变化，而且永远不理解，像一切社会运动事业一样，任何一种行政措施都应该允许有例外，而宗教的容忍态度虽然原则上是好的，但应该服从普遍的例外规律①。

---

① 在宗教事务中也和在其他一切事务中一样，应该允许有常规的例外；而且除了预见到的情况的例外外，还应该规定可以有非预见到的情况的法定例外。这也就是目空一切的道德学家从来不能在它面前屈膝的那种真理。他们每一个人都要人的本性不断地改变，以便顺从每一位作家的癖好，而且，如果你要他们相信此道，需要有一年的时间，在他制造了五十种道德解释时，人性就得改变五十次，以使之具有符合五十位骗子的癖好的面貌。

所以，那也没有什么奇怪的，具有弱点的文明制度会容忍这些骗子，而制定一些像他们的制度一样可笑的法律，下面这条法律就是证据：Is pater est quem justae demonstrant nuptiae.（拉丁文，意为：父亲是合法婚姻所指明的那个男子。这条法律是用来确定子女的父母的。在古代没有 DNA 技术，所以孩子的母亲容易确认，而父亲不容易确认，所以就确定为合法婚姻所指明的那个人。也就是指子女出生时母亲合法嫁给的那个男子。——译者）一个父亲对于那不是由他所生的，而自然却在其额上写下了亲生父亲的名字的孩子，法律却强迫他把这个孩子当作自己的孩子，你们文明先生们有谁读到这条法律时能不摇头呢？有谁看到这种假定的父亲会怀疑这是平淡无味的诙谐呢？因为在大多数的家庭中间有这样的孩子，他们不是白人和黑人的混血儿，可是自身带有他的血统上的确凿的标志，而且由于根本不能找到办法来反对这一条强迫夫妇收养他们做儿子的可笑法律，于是一切议论都同意认为这是一种耻辱。这条法律遭到全体妇女界的反对，实际上同她们联合一起来支持这种欺瞒行为的还有那他人之妻姘居的一切年轻人，还有那曾经亲身体验过这种凌辱而认为支持这件事的合法性是适当的一切老年人，最后，还有那一切善心的男子，这些男子要在使自己受他们的妻子温情的欺骗中找寻乐趣便放弃对儿女来源的任何怀疑，而决心不认为自己是被欺骗的。瞧，有些丈夫对自己妻子的自由方面气量十分狭窄，然而却那么宽宏大度地（接下页）

对于构成道德领域的一切问题,例如小偷小摸行为,违反夫妇忠贞的行为和其他等等,只要有政治和宗教就足以确定什么是符合规定的制度的。至于讲到应该着手进行的改造,假如政治和宗教两者在某一点上同时陷于失败,那么道德将会破产得更快:凡是由道德单独对缺点进行斗争的地方,可以确信它必定会完全失败。它好比一个实力薄弱的团队,既在一切小战斗中被击败,那它必定会在大军面前蒙受覆灭的耻辱。全部科学也正应该以这样的态度来对待道德,来报答它对人类的功绩。道德过去和现在永远只能为犯罪行为服务,因为它为了能够不客气地挑剔弱者的小过错来麻烦他们,就势必对比较有势力者的犯罪行为,装聋作哑。你们道德学家的作用就是如此。如果你们抨击像破坏夫妇忠贞这种行为时,你们就揭穿妇女的这种行为,而对男子这种行为则加以容忍,因为男子比较有势力一些;如果你们攻击小的盗窃行为,你们就把那个为了免于饿死而为自己偷窃生活资料的不幸者送上断头台,

(接上页)同意收养那货真价实的私生子即违背夫妇忠贞的那种果实,当这些子女无疑地是从外枝产生出来的时候,还把这些私生子列在自己名下,列为自己的财产,像这种丈夫又怎样呢?这样看来,妇女犯错误的唯一场合,就是她享受法律保护的场合,而男子觉得受到压迫的唯一场合,就是他安然地把自己的头伸于羁轭下的场合。

这就是道德在它们的实现上的要求;其实,在婚姻中几个男子组成了兄弟家庭,在这个家庭中,财产是公共的,——无论对那邻人的孩子来说,或对自己的孩子来说。文明制度的这些老实丈夫的慷慨大方在协调制度之下将成为难于抑制的笑柄,而且一定要有几页充分带有消遣性质的描写文字,才能够帮助人们去读你们这些常常是由血泪所写成的史册。

因此,不愿意有任何常规的例外,那就会永远陷于荒谬的地步。说一切妇女都是忠贞的,因为法律吩咐她们要忠贞,说一切儿女都是丈夫生的,因为法律判定所有的孩子都是属于他的,——难道说这不是荒唐透顶吗?断言一切宗教和一切宗派都能够适应于规定的秩序,只要它们用伪装服从法律的样子来把自己掩盖起来就行了,这还不是同样的荒唐吗?但哲学家难道说能够在他们这种只梦想庇护高利贷者而对天主教表示仇恨的事业中注意到什么理性吗?

而对于那个侵吞数百万巨款的贪污盗窃犯和那个使二十户善良家庭,以及二十个在他那里有小额储蓄的家仆陷于贫困的破产者的高尚事业却默不作声。这就是你们永远要遵循的道路:你们是宫廷的各种宠儿的阿谀者,在这些阿谀者的眼中看来——

一切好口角的人,甚至十分粗暴的人,按照各人的说法,都是小圣人。①

这样的行为招来了对你们应有的卑视。如果说政治和宗教有时还对你们表示虚伪的尊敬的话,如果说它们允许你们参加对某些恶行的斗争的话,那是为了有机会把失败的耻辱推卸在你们身上,而它们两者却可以得到避免滥用职权的好处:你们的科学对于这两种势力来说——

……只不过是卑贱的工具,

当它没有用处时,就由于受到卑视而被抛弃掉,

当它变成危险时,就被不加怜惜地毁坏掉。

请看一看在最紧急的情况下,如在圣·巴托罗缪之夜②和在法国革命时期,宗教和政治是怎样对待你们的吧!如果还怀疑它们对你们的教条所抱的那种卑视的态度,你们就不妨去试一试反对它们的教条,那时你们就会认识到自己的意义的分量了。

你们的科学既然本身不能有任何作为,你们的教条既然在有关公民秩序方面要服从政治的方便,在有关社会风气方面要服从宗教的方便,所以,你们的科学仿佛只是两种势力的二等仆奴,这

---

① 引自拉·封丹的寓言《染上鼠疫的动物》。——译者
② 1572年8月23日夜间,在圣·巴托罗缪的节日前夜,法国贵族天主教党对新教徒的大规模屠杀。——译者

两种势力可随意来设想道德,指责它的无价值和指出它所能走的道路,以便使它参与宗教和政治事务。

道德同宗教的关系

在道德理论目前所处的这种薄弱地位的情况下,宗教能够期待它们对自己有什么帮助呢?道德学家们同宗教影响的价值比较起来,你们的影响又是什么呢?宗教能够以神的名义采取最有恐惧性的严厉态度,而你们却不能以理性的名义使人受到极轻微的剥夺。你们不敢对现今世界的伟人加以丝毫的指责,而宗教却拥有当面申斥他们的权利:教会的主教——这就是一座堡垒,有经验的演说家可以从这个堡垒向国王本人提出责备(如果他现在不能这样做,那么,在明天统治力量薄弱时就可以这样做了)。宗教以其严厉的态度强迫人们爱戴自己,而道德提出最温和的学说,却根据其教条的宽容程度而受到卑视;所以,道德学家在上世纪,当你们还对商业恶习进行攻击的时候,你们从没有像现在在同商业恶习相勾结时这样受到卑视。

同时,你们和僧侣即你们的敌人为同一个任务而斗争,——移风易俗和传述另一种生活;然而,既然都是从事同一种生涯,却何以某一些人功勋彪炳而另一些人则命运多舛呢?问题是在于,你们的科学,虽然其创造者聪明绝顶,但对文明制度的性质却理解得很不够。在我们的社会里,群众——这是一伙出身微贱的流氓,应该用恐怖和利益来俘虏他们,而不是来说服他们。如果宗教拜倒在文明制度的人们面前来引诱他们,并且只是向他们陈述意见,那么宗教也将会像你们的教条一样遭到唾弃。宗教会在一切条件下抓住各种年龄的人的弱点。它用地狱来恐吓小孩:让他们去选择;或者是信教,或者是永远受苦难;小孩恐惧心超过理性,他们自然就信仰宗教了。它向家长们预示要抑制他们的年轻女儿和仆人:家长因预见到在苦恼任务上会得到某些帮助而欣慰,纵使在他们卑视宗教的情况下也会接受宗教。它让老人和被遗弃的妖艳女子过宗教的生活,使他们能够在漫长的日子中消磨几小时的时间,它还让他们在他们的教友中间装出地位很高的样子,让他们对不承认他们的社会地位的那些人的忘恩负义行为装出报复的样子。它为伪善者铺平道路,它做了他们的柱石。它对犯罪者来说,是安慰他们良心的责备,而不是要他们有悔罪行动。它向贫苦人们许诺他们所喜爱的幻想——天国的平等。它对于什么人没有用处呢?那些智慧很高、但有时又很自负的人,如伏尔泰,甚至连他们的家仆都信仰宗教;有些没有受到任何影响的青年人,可是他们将来还是会投入宗教的怀抱的。简单地说,它善于吓唬弱者——在我们这个建筑在恐怖之上的社会中,它应该占据统治的地位;它善于解除寂寞——在我们这个生活单调的社会里,它应该占据统治的地位;它善于使最狡猾的人得到利益,在我们这种以利益为中心的社会里,它应该占据统治的地位。至于讲到你们道德学家,你们的科学既引不起恐怖,也产生不出快乐和益处。你们能获得什么影响呢?你们有什么资格能同宗教并驾齐驱和妄图同它结成联盟呢?你们所依据的理性不适合人民的能力。人民从崇拜理性所得出的经验,最后只是使人民重新依恋于旧日的幻想。原来被嘲笑所压倒的神学又重新掌握了社会舆论的王笏,而且,这个科学虽然是虚幻的,而它的胜利却证明,重新需要这种科学的人民,需要在文明制度之下放弃理性。对于理性完善的信徒来说,这是多么使人沮丧的真理呀!如果哲学家的学说被占大多数的人民所唾弃,如果他们的暂时统治,对少数能够读他们的书的人造成落魄和痛苦,而且迅速使他们所指望进步的文明制度本身向野蛮制度方面倒退,那么在文明制度之下从哲学家那里所得到的益处是什么呢?

我们暂且回头研究一下道德同宗教结联或公开破裂所导致的可能性。

比天主教更同情情欲的异教,曾经准备使道德派别和宗教派别结合。神话时代的宗教可以允许道德派别作为神甫的助手,正如我们的修道士那样,而且实际上,古代的道德学家也不外乎就是异教的修道士:难道说希尼克派并不类似天主教托钵僧吗?难道说伊壁鸠鲁派[①]并不类似贝尔纳德派[②]吗?文明制度的魔术在每个世纪都在不同的假面具下重演,这真是千真万确的。

从君士坦丁时代在崇拜方面实行大变革的时候起,道德宗派和宗教派别之间的任何联盟已经成为不可能的事了。基督教太严格、太独特,以致不能同与它相异的其他宗派协调;道德学家应该预见到破裂,并且在斗争中对它有所警惕,同时在政治上去寻找依靠,因为他们的科学本身不能起积极的作用。

---

① 古希腊哲学家伊壁鸠鲁(公元前341—前270年)学说的信徒。——译者
② 贝尔纳德派是指十一世纪末成立的天主教修道耶稣会的会员。——译者

当经济学教条的出世预示了崇尚奢华的教条将接近胜利时，道德就应该改换武器，公开地和奢华同流合污，暗中打击优美的古风和基督教，同时还要对于那反对富贵和享乐的糊涂废话展开全面的攻击，理性当然是应该习惯于富贵和享乐的，因为富贵和享乐是文明制度的轴心。最后，道德学家的宗派就应该放弃那不应该再坚持的旧立场，而采取那在反天主教中可以博得政治支持的新立场。

为了取得这样的地位，只要采取一种行动——建立新宗教——就够了；经验提示了高等感性的宗教。过去可以看到，神话曾如何由于其迷人的特点而战胜了那些原来排挤它的宗教仪式，甚至由于获得被它俘虏的有教化阶级的赞助而在某些基督教派别中也站得住脚跟。所以，应该运用神话使人在形象中感觉到的那种最高的享乐和情欲，应该结合那适用于一切宗教派别的福音书的某些教条，来建立对高级感性的情欲的崇拜。

为了进入竞技场，道德学家所缺乏的只是宗教叛逆者的支持，这种叛逆者会成为推翻宗派的领袖，如同米拉波推翻他自己的贵族等级一样。道德学家仅有轻松而温存说话的才能，没有胆量，没有机智，因此需要一种有大智大慧的人来领导他们，为他们开辟活动场所，给他们灌输思想；因为他们只善于分析别人的思想，而不能理解到他们自己的思想应该是怎么样的。

因此应该这样来建立新的崇拜，要使天主教无形中同人民隔离，如同过去中国的拜佛那样。可以借助于间接攻击来达到这个目的，折磨它，用一些小的损失来使它贫困化，而永远不要正面去打击它。

提出像共济会这种团体来作为正当交际的愉快休息的新崇拜，可能一开始就会把富有阶级吸引进来。现在伟大的世纪已经采用了神话故事或其他故事中的最高感性的无限自由的图景。在这些完全由他们这类善男信女所组成的宗教和教育的宗派中，他们怎么会不来尝一尝巧妙满足淫欲的美好滋味呢？

中产阶级——有产者只要看到，新的宗派受到最高阶层人士的欢迎，他们就会不假思索地参加进去，如同现在他们参加共济会一样，没有任何感性的诱惑，而只是由于一切人所固有的宗派精神的活动。所以，可以相信，运用肉欲享乐的诱惑结合宗派的精神来引诱他们——这应该就是新宗教的基础。

我不来详细说明那些同文明制度相符合的实现办法了。其中有些容纳了社会上一切出类拔萃人物的正确办法——特别是容纳那成为一切最坚固柱石的富有的妇女，甚至那些富有的高级教士和修道士。因为这些人由于在天主教中未占得任何地位而心里暗怀不满，他们热烈地想加入新宗教。这些办法会使小市民仍旧保留神秘观念和奇异的感觉，而这些都是最适合他们口味的东西。它们还使一些教徒和乡村牧师有吵骂的机会，就好比那由于不要他们效劳而对新制度心怀不满的人之间发生吵闹一样。这就是道德学家为了恢复其在社会中主持崇拜仪式的僧侣和考里班特[①]的地位所应该遵循的计划。它们没有可能同天主教实行联合，就应该创立一个比它更有诱惑力而能对付它的敌手，而且要很机智地

---

① 古希腊称呼弗里吉亚的岂比拉（或莱依）女神的神秘术士为"考里班特"。——译者

把它从那种不可能用公开力量同它较量的地位中排挤出去。

最高感性的崇拜，庄严地包容于近代政治范围之内。经济学家的学说太枯燥，宣传爱富贵太粗暴，需要同某种宗教派别相结合，以便向他们的枯燥无味的指示中注入灵魂。换句话说，政治经济学需要有漂亮的假面具，以便掩饰自己的丑恶面貌。这是一门只讲钱财的科学；它应该组织自己的同盟者，这个同盟者要讲心灵，要组成一个宗派，这个宗派要使豪华和淫欲的享乐变成为宗教的戏剧性的礼拜仪式，而证明爱富贵和高尚享乐是同有文化的和很富有的阶级中间的无疵的真诚、仁慈和高尚的情感完全相符的，而且要用花朵来填满这个由经济学家所激起的黄金欲望。唉！金钱欲望既然会永远支配着文明制度的人，以致任何议论都无法一时一刻把它驱逐出去，那么，对于这种徒然加以反对的金钱欲望，用花朵来掩盖不是比用烂泥来掩盖更好些吗？——我们要特别指出，我在讲最高感性崇拜时，意思是说仅在有知识的阶级和人民中杰出的甘愿为该宗派服务的某些信士中间来传播它，因为这个宗派当它尚未在高贵人士和有产者中间树立起巩固基础是不容许人民来加入的。这种宗教所走的是同森严的崇拜背道而驰的道路，因为森严的崇拜……不过我既然没有指明实行的办法，提出任何异议来反对这个简短的概述是用不着的。

道德学家还有各种不同的方法来实现在基督教打击下坚持下去的尝试；但其步骤如何呢？他们各自孤立，丧失了近代政治家对它的支柱，一味说些赞扬反对富贵的优美古风的废话；此外，他们还支持对基督教的迫害，这一迫害是以反对爱为其目的。一般说来，他们自己已被古代的一切可笑东西和天主教中的一切可笑东西包围了。他们用这样的武装鲁莽地对基督教宣战,只有当基督教已经十分动摇的时候,才会立刻被这个十分软弱的侵略者所打倒。

老实说,天主教已经够老朽了:宗教也和一切其他东西一样会变老和过时的。我们的宗教没有什么可以骄傲的,它不要以为它在某个时期获得了优势,驳斥了组织得不好的哲学的攻击就骄傲起来,因为这个悲痛的胜利正是天主教的巨大弱点的标志。如果说昨天它同死神作过斗争,今天得到了新生,那么,假如文明时期还要延长下去,而且将有比道德学家更干练的另一个党派起来反对天主教,它明天的命运又会是怎么样呢?

天主教的牧师们!你们喜欢不喜欢听这种不愉快的预言呢?它向你们说明可能为你们开辟的一个深渊:在文明制度存在的期间,特别是从你们丧失了战争的神经——你们到处都逐渐失去的那种金钱——的时候起,任何一个阶级都没有面临比你们更大的危险。你们不要以为这仿佛是好景重来。因为还没有更好的教派,才把你们保留下来,你们能站得住脚跟,也只是由于没有竞争者的缘故。况且考虑你们政治地位的危险也是无益的,因为灾难和革命的日子对你们以及对全人类来说,很快就要结束。

为了更露骨地揭示道德学家在他们同宗教斗争中的无能,我们且来指出,他们手里老早就有了可以保证他们胜利的工具,即共济会的宗派,这个仿佛是以爱亲人为基础的团体已经实现了形成最高感性宗派和宗教派别的一个最困难的步骤:

1. 它已经在文明世界的一切领域中,以及在领导文明世界的达官显贵们庇护下由有保障阶级的人士所组成的领域中吸收了献身的信士。

2.它已使人民看惯,它的秘密会议是得背着普通人而秘密举行的。

3.它使肉欲的享乐具有宗教的色彩,因为共济会的集会归结为什么呢?归结为伴以某种伪装布道的郊游会,它的好处在于,它代替纸牌游戏,而且能够更经济地消磨时间;圣桌聚餐的习俗有礼貌地拒绝了那些在教派事业上害多益少的吝啬鬼。

因而,这是事业进行得最顺利的一个宗派。所缺少的只是这样一种足智多谋的人,他有本领把妇女和淫荡引进宗教里来——那立即就会使这个宗派成为一切文明国家的富人们最宠爱的宗教。关于这类宗派的合适的章程,恕我不再作任何详细说明了。

我且把我们所谈的高尚感性宗派可能获致的许多善行后果撇开不谈,共济会就是这种宗派的萌芽,不过它本身尚未觉察及此;因为它们丝毫不差地遵循了适于这种新事物进展的道路。从老早时候起就有了十分美妙的机会,只有他们是极度怯懦或睁眼瞎子,才不能由此得到好处。所以,如果他们具有像他们所确信的那种秘密,那么,这不是前进运动的秘密,在这样具备有发展手段的情形下,他们所处的政治地位却依然是十分卑下,这便使人得出一个认为他们是假神秘的悲哀看法,有朝一日,如果他们提出要把它公之于社会,许多人会连听都不屑于去听它。

他们不是说,他们从来不愿意超出政治平凡性以上吗?他们是不是不再相信,每个闭关自守的团体的首领都能够捍卫自己而抵御那种构成从耶稣会教徒起直到土耳其近卫军止的一切闭关自守的联盟的本质的侵略精神呢?如果他们要谈起关于自己稳健的这类故事,他们的话就如同狐狸的话一样不可相信,狐狸发现葡萄太酸,是因为它没有办法采得到葡萄。

然而向共济会说明一个真理是适宜的,因为这个真理会使他们由于自己政治上的笨拙而得到安慰,这个真理就是:对社会运动事业完全不了解的耻辱,使他们的团体停留在文明制度的纯学术性团体的水平上。

道德学家不要因为我对于展示在他们面前的那种他们未预见到的宗教活动场所没有作详细叙述而觉得惊奇,因为我的意图不在于指导他们那种将随同文明制度一起消灭的科学,而是在于向他们指出,他们自己没有本领指导它,没有本领来创立某种宗教以达到自救。

系统地说来,道德学家在其对宗教的关系上应该抱着什么样的观点呢?它应该是利用宗教为自己建立发展的资本,或者是同它结成联盟以便瓜分权力,或者是剥夺它的所有权,以便在放弃部分时夺取其全部。他们在希腊曾经得势,在那里起过神话崇拜的僧侣作用。他们曾看到,宗教怎样随着天主教的发生,脱离了道德而独立,对他们的信任也逐渐降低,因为天主教太严格,不适宜于同某种文学宗派相结合。因此,他们应该开始走上他们所知道的唯一的发展道路,要随机应变,以便重新参加僧侣职务,或者凭借自己发明的新的崇拜来代替它的地位:后一种解决法具有巨大的意义,因为另一种办法是不彻底的。

这就是道德学家从这些分析方法中所能够得出的认识,他们在如此夸耀这种分析方法,而在目前场合下他们却没有加以利用,因为对他们衰落的原因的分析就可以使他们得出恢复一套幸福的方法。

道德同政治的关系

我已确定了这些关系,并且曾证明,道德家的宗派当它参与政治事务时是多余的和危险的。我将继续对这点加以论述。这并不会成为它离开这种参与的理由,因为文明制度的政治带有严重的盲目性,是会犯错误的——会同像它这样的无能伙伴结合在一起的。

政治经济学用诈骗行为迷惑了一切领域,这件事被发觉得太晚了。从十八世纪中叶起,一切有才智的人都投入这门自称为幸福的布施者和保证提供民族巨大财富的科学之中,每个人都抱着从中取得好运道的希望来自安自慰。当卢梭和马布利还竭尽一切力量来赞颂贫穷的优美、善良的斯巴达人的好男色、杀人行为和其他各种消磨时间的娱乐,以及赞颂雅典、罗马的普通吹牛者的快乐时,经济学家已经完成了掠夺活动。最后,当法国革命使所有这些关于共和派人士的善行和人权的谰言完全破产时,道德学家却想达成协议:因此他们提出了双关意义的教条,例如,关于莫重视财富的教条;然而政治已经太强大,不再需要同盟者,它鄙弃任何和好的道路,重新断言,需要从无量数的商业和无限度的商业中产生巨大的、甚至是极巨大的财富。从那个时候起,道德学家就不复存在,被无情地列入小说家之林了。他们的宗派随着十八世纪而消逝:我想说的是,它在政治上死亡了,在学术界不会再博得任何信任了。

道德学家宣告寿终正寝了,它的死亡是有教育意义的:它死时的情况,就像那在弥留之际决心信仰神的无神论者一样。当它见到它不可挽回地要死亡时,它就开始忏悔它在两千五百年长时期中所否认的东西,开始承认智慧最好是同数十万埃奇的租金相协调,恰如在关于农夫①的诗篇中可以看到的那样,农夫是把智慧表现在拥有一群猎狗和马车的漂亮城堡上,表现在一切社交界的赌博上,表现在携带射击筒的晚餐会上等等,——毫无疑义,这就是在我们的时代为了吸引新的信徒所应该运用的那种智慧;在这里还应加上一条淫欲,因为如果农夫,即拥有数十万埃奇租金的人具有眼光,具有敏锐的感觉,正如诗人所确信那样,那他就不会不对爱情无动于衷的。

作家们为道德附加理性的色彩,这件事做得太晚了一些,——就等于是派兵去增援那敌人已经缴械投降的地方。但是,当道德家宗派在最后一分钟承认在城堡上出现也许比穿着破衣烂衫出现更明智一些时,归根结底只不过是向我们证明,它本身已根本没有能力来把我们引向幸福和智慧的道路,而我们只能在政治和宗教的领导下才能得到幸福和智慧;的确,这两种科学是唯一的科学,它们使自己钟爱的人得到城堡和马车:神学和政治学使自己的一大群门生有过豪华生活的可能。从红衣主教到教会服役人员,从参议员到法庭庭丁——每个人都或多或少地摆脱了贫困,可是当你站到道德的旗帜之下后,甚至连普普通通的职位也弄不到手。

虽然道德学家宗派在公民方面已经死亡,亦即从学术团体中

---

① 《农夫》是德利尔(1738—1813年)的诗篇。——译者

被排挤出去,但这并不妨害道德写作家生产更大量的书籍,因为十九世纪资产阶级很喜欢小说,比过去任何时候都读得多些,而且在这些无量数的著作中也有些是关于道德的论文。这些论文有些就是小说大军的统帅部,小说家们在某些风俗方面宣扬自己的奇思怪想和自己的……而道德学家则是整个地综揽全部风俗制度,——他们之间的区别仅仅是整体与部分的区别。

所幸他们从来没有任何影响,但我们想研究一下,如果他们哪怕有一瞬间的机会能够管理政治制度的话,他们的教条将会发生怎么样的影响。

我们研究他们一条教条,——在这篇简论中这也很够了,我所选择的是其中最博得彩声的一条,亦即鼓励我们抑制自己野心和满足于中等财富的一条。我打算在这种庸俗道德中揭示出道德所固有的两种性质,亦即它是多余的和有害的那两种性质。

当你们向我们宣扬中等财富时,你们的期望是怎么样呢?地位高的人从来不会想降低到中等水平的;任何高论也不能促使拥有十万利维尔收入的人把其中八万利维尔分散出去,以便把自己的收入限制于成为"aurea mediocritas"①的二万利维尔的微薄收入。另一方面,那些享有中等财富的人们则有理由认为,这不是真正的幸福,因为富有的人并不愿意降低到他们的水平,虽然对富人来说这件事是容易做到的。这样看来,所谓中等水平对于可以享受它的两个阶级都丧失了诱惑力,向他们宣传是滑稽可笑的,因为他们从经验中知道,而且人同此心地认为,他们宁愿要更多的财富。

---

① 拉丁文,意为:中庸之道。——译者

至于讲到那些低于中等水平的人，在他们面前宣扬它，徒然招致他们的厌恶，因为他们并不能达到这种水平。穷人宁愿冒衰败和下降的危险，而不去冒上升的危险。政治已因未能保证他们以必要的生活资料而遭受苛刻的批评。试想一想，当你们连更低的命运还不能保证他们时，还刺激他以中等的口味，这是多么荒谬呀！

神学宣扬贫穷是走向永久幸福的道路；政治则在期望来世的幸福中宣扬现世的富贵，它们两者都适合那不安于中等水平的人的心灵。如果你们来宣传它，那只是出于一种想标新立异的嗜好，而不是对行政和神学的反应；因为它们之中一个是热衷于财富，另一个则宣扬贫穷，除中等水平外，它们没有留给你们道德家其他可以使你们打倒的意中人。

你们看，担任别人所轻视的角色是多么危险。也许就仅仅根据一个赞扬中等水平，就可以宣判你们的科学以破产或诈骗的罪名。如果神学是真实的，你们的科学就是无根据的。如果你们十分真诚地相信，中等水平可以笼络人心，使他们的长期烦扰得到满足，那你们是对人还缺少认识，——你们倒是应该去进学校，而不应该来教训我们，如果对中等水平的赞美歌是演说家玩的魔术，那你们就是很不地道的骗子，因为你们所宣扬的这种中等水平，既不为拥有丰富资财的人所喜悦，又不能保证那些没有这种中等水平的人得到这种水平。你们应该在把你们的教条贬低到远比中等水平为低的两个角色之间作一抉择。

像法国这样大的国家每年出产这么多的道德学说，看起来是完全有必要出版一些论破产和论最流行的堕落风气的专门的短评。但是破产是富人的事，也正因为如此，道德家的宗派对他们的掠夺行为常常熟视无睹。他们得安然地逍遥法外,而道德家却对这种事情连看也不看一眼。其后,这些学者们却恬不知耻地侈谈其反对恶行;如果破产行为不被他们放在追究之列,试问他们所谓的罪行指的是什么呢?道德学家们,请告诉我们哪一类的掠夺犯最应该上断头台呢?

是盗窃国币者吗?他们告诉你们,从两千万纳税人手里侵吞一百万,这也不过是从每个人手里盗取一个苏的小偷小摸行为,按分配来说,就等于从卢库鲁斯[①]手里取一个塞斯特提[②],从伊尔[③]手里取一个德纳里[④]:这种事会引起他们注意吗?

是大道上的抢劫犯吗?他冒着生命的危险去劫掠人,常常还是由于贫穷使他铤而走险:如果他敢于露面时,你们可以随便开枪打他,逮捕他,处死他。

但是有一位答尔丢夫,在几年中间装作忠诚老实,以便取得信任使若干家庭把储蓄存在他的手中,可是时机一到他就宣布无支付能力,破产了,他竟以合法的形式掠夺其牺牲者,躲避几天的社会愤怒,随后紧跟着就在法律掩护之下显示……豪华富贵,——难道说对于这种强盗还不应该处以死刑吗?时间还没有过一个世纪,像费奈隆这种过去最反对惩罚的人都来大声疾呼地要求(在《忒勒马科斯历险记》中)惩治破产行为了[⑤],现在你们都在失败、

[①] 卢库鲁斯(约公元前106—前56年),古罗马政治家和军事家,以生活特别奢华著称。——译者

[②] 塞斯特提是古罗马的小钱币。——译者

[③] 伊尔是荷马史诗《奥德赛》中一个神奇的乞丐。——译者

[④] 德纳里是古罗马的小钱币。——译者

[⑤] 费奈隆(1651—1715年),封建空想道德学家和教育学家。《忒勒马科斯历险记》是芬涅郎最著名的作品之一。——译者

道　德

不幸、困苦（这是减轻蓄意掠夺的丑恶行为的一种多么好听的言词呵！）的名词下提议赦免他的罪过。任何团体总是相当狡猾地来为它的犯罪成员作辩护和解脱的，它还希望仿效他们的成功的犯罪行为，而道德家宗派则又随意利用这种团体所掀起的一片叫嚣为大罪犯开方便之门，而追究弱小的犯罪者，特别是妇女中的小罪犯，因为这种叫嚣能使社会舆论放过真正的犯罪行为！

〔且看道德家们的内情是如何！把罪过加在比较弱小的人身上，以便使人放过更有权势者的罪行。他们反对妇女享乐的残酷无情的主要动机也是如此。她们是无保障的，——这已经就很足以使哲学来折磨她们，乃至对她们持极冷漠的态度，甚至可以借口她们的服装来麻烦她们。我强调这个谴责是为了重复说明由此所应该得出的一个重要结论，亦即不公正是错误的根源。正是哲学家们不承认雇佣劳动者的结社权和妇女的自由权，所以才忽略了第六和第七时期的理论。〕

继续申述道德家和道德种种值得嘲笑的特点，这就无异于打落水狗。这门科学的信徒自己也不能从其中看到任何别的什么，而只能看到内心矛盾的欺骗，这种欺骗在于道德许诺了它所认识到的幸福，却不能真正给予这种幸福，它以它所熟知的善行为代价来预示这种幸福，却没有法子达到这种幸福。

在结束关于道德同政治的相互关系问题时，我要指出，政治在关于如何对待道德学家一点上，总是十分为难。一种想法是主张庇护他们，因为他们的教条是为骗子们服务，在使被骗者的人数增加；另一种想法是主张取消他们，因为他们在秩序良好的国家内是多余的和危险的。根据这种想法，政府完全卑视道德家，并且对他们抱厌恶态度,从来没有对他们的问题采取彻底的解决,例如,或是给他们以像神甫那样的确定地位,或者完全取缔他们。他们仍然处于听其自然的地位,而最后则由于其极其可笑的特点而终归破产。在希腊,他们曾经被公认过。在罗马,他们也曾经被容忍过,可是法国皇帝却把他们宗派踢出于学术团体之外,博得第一次教导他们以真理的荣誉,而这种真理他们却已经追求了二十五个世纪了。关于他们的真理是,在治理良好的国家里他们是多余的和危险的,在比较弱小的国家里则尤其严重;所以,腓特烈王[①]有很多理由可以说,如果他想惩罚他的哪一个省份,他就把那一个省交给哲学家去治理。

---

① 这里指的是普鲁士国王腓特烈二世(1712—1786年)。——译者

关于非精确的科学的结论

政治学家和道德学家，你们没有履行你们所担负的任何一个责任。我应该把这些责任提醒一下：

进入文明时代的第一和第二阶段

  女奴隶的取得公民权

  男奴隶的成为雇佣劳动者

进入上升的无联系的第六和第七时期

  雇佣劳动者得到不同等级的结社自由

  妇女得到恋爱自由

关于前两条，我已经讲过，哲学干预其事是在它们有四分之三已被实现出来的时候，这证明哲学没有足够的发明智慧，而且它来得太晚了，以致不能把这份成为时代和时机的事件的改良的光荣算在自己的账上。

至于讲到已超出文明制度范围以外的后两条，那么你们即使没有洞察能力，单凭常识就能够下意识地发现它们，因为常识会建议去探求这两种成为社会福利的发端的新事物的。给予它们以更广阔的发展天地，就可以有充分根据期望得到更多的幸福。所以，应该设法使妇女由半自由的地位提高到完全自由的地位，而劳动者则由雇佣工人的地位提高到协会成员的地位，这种成员的地位可以使他们甚至在一无所有的时候变为所有者。这些变化就会把社会机构导向超出文明制度。即使事先对它们缺乏预见，但单凭一种常识就可以达到第六和第七时期。常识告诉我们，要追求和扩大认为有利的行动，就如同继续采掘使我们得到更丰富的产量的矿脉一样。

这四种事情是理性所期望于你们的唯一实际的服务，而且你们虽然大言不惭地宣告自己是理性的战士和使徒，你们却轻视它在对社会偏见所应该进行的那四项攻击下的号召。

你们是不是认为，同某些次要的、没有意义的、就是攻陷了也不会在社会运动中引起任何进步的偏见进行斗争，就是为理性服务呢？宗教的偏见就是这样的。

当你们推翻天主教的偏见，以便用这种被称为理性崇拜的庸俗事物来代替它们时，难道说这样的变化就能够改善雇佣劳动者的命运和减轻妇女在婚姻中的奴隶地位吗？毫无疑义，这是不可能的。所以，由此绝不会产生在社会运动中的任何进步；相反地，从这一事件发生的时候起，由于商业精神盛行和对犹太人的容忍，社会运动还走向下坡路。如果你们肯定对高级感性的崇拜来代替对理性的崇拜，你们也许就会向第七时期大踏步前进，甚至可能不必通过第六时期。

我们看到，文明制度怎样偏离了这个方向，却在其所包藏的革命和封建垄断的酵母作用下走向下坡路。不是有旋律的斗争，不是无疵的政治战斗，如像法国革命以前的那样，现在却只看到不可抑制的仇恨，只听到殊死战的呼声。一半的君主抱着暗藏的仇恨心理反对另一半君主，一切王位都是建立在火药桶上。自从每次搏斗都导致王位兴衰的时候起，财产就变成比任何时候都更少有保障的了。在这种瞬息万变的风云中,国王如同鼓动家一样,不容许各个人再保持中立:每一个所有主都不得不在这些政治争执中发表意见,而且看到,他的世袭财产就是政党冲突中的赌注。在欧洲相继发生的许多变化繁殖了公民混乱的种子。目前是虚幻的平静笼罩着,这也只是基于有一个以短剑和毒药为掩护的君主①的存在。在他认为各种叛乱阴谋都被镇压下去的时候,英国却发起了新的挑战;如果他被迫落入他们的陷阱,那将会在文明制度之上暴发一场多么可怕的暴风雨啊!结果他会被他自己的狂暴力量所摧毁:英国会以欧洲的财产作孤注一掷,以便把法国推到深渊里;旺代派内战、雅各宾式的组织和国家联盟会立即恢复起来了,爆炸也将会普及到整个西方。哲学在1789年所发现的火山还只是完成了它的第一次喷火;第二次的喷火已经为时不远了。法国革命的成就推动了新的革命。穷人反对富人的战争取得了十分可观的成就,所以一切国家的阴谋家也只渴望着重新兴起这种战争,难道说还会怀疑在这样的暴风雨时代,对于那些时时准备着获得英国国库支持的鼓动家不会很快就有新的机会到来吗?!诚然,目前的寂静——这只是革命幕间的休息;这是活火山的瞬间休息。当你看到赋税、军队以及财政掠夺的一切萌芽如何在一切国家增长的时候,难道对自从大陆失去昙花一现的寂静所赖以维系的那个人物的时候起,骚乱将会发生而且将会烧遍全欧洲,还有怀疑吗?是的,潘多拉的箱子为我们不幸的一代打开了盖子,所以,它大声疾呼地说,我们是生长在怎么样的时代啊!这不是没有根据的。战

---

① 傅立叶在这里指的是拿破仑一世。——译者

栗吧，君主们和私有主们，在想到这些可怕的真理时，你们还要感谢这箱子的打开，因为它把你们从十分悲苦的未来解救出来，给予你们以摆脱文明制度、摆脱带有火山性的和历史上从来不曾有过的最丑恶的制度的出路。

文明的各族人民——

你们既然临近解放，就会不再希图不指责你们地位的悲惨，就会有勇气充分正视你们的不幸。你们要牢记住古代和近代的社会灾难是上帝注定的必然结果，上帝为了使你们哲学家陷于狼狈的状态，因而就判定了不名誉的文明制度定期地陷于革命的深渊。

野蛮制度的人没有你们的开化，还能维持他们的社会和简陋制度达数千年之久，为什么你们的社会和制度却这样迅速地被毁灭，在五年当中屡次看到它们的诞生呢？

你们看一看这个政治虚弱的症候吧！仔细考虑一下你们的作品的脆弱性，考虑一下自然对于你们的作品的嘲弄，它在破坏着你们的社会和你们的奇迹。我想立刻对你们的政治哀歌作出反应。我同你们一起来质问这个自然界，它为什么只需要你们的废墟，只想对你们的国家挥动干戈。

文明制度的骄傲的遗迹变成了什么呢？特维[①]和孟斐斯[②]、帕尔迈拉[③]和巴比伦、雅典和迦太基都变成了瓦砾堆，自然赋予我们社会以沉重的负担，它相继一个一个地把它们推翻；无论是以智者预言而著名的法律，或是阴谋家们的暂时性的法典，都是同样把国

---

① 古埃及的富庶城市。——译者
② 古埃及的大城市之一。——译者
③ 古叙利亚的城市。——译者

家引向崩溃。

中国和印度的简陋立法怎么能够违反时代的车轮而生效了四千年,可是哲学家的奇思妙想却竟像昙花一般地消逝呢？我们的科学经过如此努力巩固了国家之后,表现出好像是他们仅在致力于保证汪达尔人得到烽火的娱乐,而使近代人看到废墟的景象而已。某些遗迹保留下来,但却使政治感到难堪。文明世界的都会罗马和拜占庭变成了两个值得嘲笑的现象的首府。在开比托林的山丘上恺撒的殿堂已被阴森的犹太人的神像所占据;在博斯普鲁斯海峡基督教的长方形大教堂受到了愚昧无知的神的凌辱。这里,耶稣登上了丘比特的台座,那里,穆罕默德升上了耶稣的祭坛。罗马和拜占庭,自然界之所以保留你们,是为了对那些被你们加上铐链的民族加以卑视。你们变成了政治斗争的两个舞台、潘多拉的两只箱子。你们要把破坏行为和瘟疫传播到东方,把他们的偏见和恐怖传播到西方。用你们玷辱自然的方法来侮辱被它所摧毁了的大帝国;你们是留作为它的胜利的装饰品的两具木乃伊。在近代人中间你们显示了它的报复的遗迹,而且是它还准备向文明制度的进攻的预言者,法国革命还只是这种进攻的预兆而已。固然,1789年的火山爆发了,而且它一下子就熄灭了;伟大的革命准备着和威胁着要消灭现代国家,而现代国家的商业气质的恐怖已经苦恼着自然界,也苦恼着理性。

自然界好像是有意抬高丑恶的文明制度,以便取得推翻它的乐趣,而且借助于屡次破产来向我们证明领导我们的科学的虚妄。提起犯罪的西祭夫的形象,文明制度就像是被判处攀登幸福的罪犯,一到他快接近目标时,就重新跌落下来;最深思熟虑的改造只不过导致流血惨剧而已；所以文明的各国人民都呻吟于苦恼之中，期待着革命重新使他们动荡的国家陷入虚无。文明制度（因为它得不到最高政权的统一）不断地辗转于两个危险之中——灭亡于野蛮人或灭亡于内战。它站得住只是侥幸。在每个世纪都踏在坟墓的边缘上。若不是卡尔·马尔特尔①战胜萨拉森人和阿齐拉人，整个欧洲都会成了野蛮的世界。如果索别斯基②不解放被土耳其人包围的维也纳，或者说如果土耳其人掌握了欧洲战术，欧洲也就早已灭亡。文明制度昨天临近它的崩溃的边缘；革命战争可能会导致法国的被侵占和解体；这个国家倘若一旦化为乌有，与它结成同盟的俄罗斯和奥地利可能会共同来瓜分地球和文明世界，{在以后的争执中，俄国人可能压倒奥地利和文明世界……}。

如果文明制度经得住最后一个世纪，那么它为此只应感谢英国所推行的贪污和商业精神，这种精神在分配补助金或小恩小惠中，阻挠了君主们的一切大胆事业，并且使他们习惯于狭隘的卑鄙的观点，习惯于乞求金子，以代替用瓜分他所发现的亚洲的方法来攫取黄金。十八世纪商业和外交当局的卑鄙行为是支持英国和阻挠俄国认清自己真正利益的唯一原因：俄罗斯应该去支持波兰，同它结成联邦式联盟，侵略印度和中国，并且用它们的黄金来收买西方的商人。这些小商人在十八世纪时期彼此是有意见分歧的，而且由于过去成为他们反抗中心策源地的法国政治上的软弱，以致没有采取行动而遭受失败。

---

① 马尔特尔（689—741年），奥地利公爵，法兰克福的执政者。——译者
② 索别斯基（1624—1696年），波兰国王，他击破了包围维也纳的土耳其军队，使中欧各国免受土耳其侵略的威胁。——译者

俄国未能利用这个本来可以借助于野蛮人的黄金来推翻文明制度的机会。由此是否应该说,文明制度可以指望有几分稳固呢?明天自然界还会使破坏我们社会的其他机会发生。哼,在你们既不担心侵略,也不担心野蛮人时,难道说自然界就没有千百种方法用你们自己的手来消灭你们吗?昨天意见的纷争推翻了王座、祭坛和所有制的法律,使欧洲向野蛮制度方面行进;明天自然界就会发明另一种武器,经过新的考验,文明制度将会垮台,就像它已经不止一次地垮台一样。经验教导你们,它的命运放射了几个世纪的光彩后,很快地就暗淡下去了,复活起来也是为了重新衰落。由此可见,你们的社会奇迹的建筑物是建筑在沙滩上的,如果它们为人创造了幸福,上帝会关心保留它们的,会采取措施把它们置于不可摧毁的基础上的。为什么上帝会使它们延长了若干瞬间之后又仍然埋葬在革命之中呢?这是因为你们的立法者把社会法律建筑在自己的癖好之上,而上帝则没有哲学家那样的傲慢,他自己并不制定法律,如果没有永久的高级法官——正义和数字的忠告,它既不想从事创造,也不想有所作为,因为数学不依上帝为转移,而且上帝还要严格遵从数学的规律。

如果说你们的社会会自行崩溃,那也没有什么可大惊小怪的,它们本来只是为了发端,只是作为一种暂时的灾难,也正因为如此,上帝才把它们又局限在地球上的几个地区。你们想竭力扩展,使这种暂时性的经济制度(无联系的经济)变成为普遍性的经济制度,也是枉费心机的。上帝根据种种理由(我在这里不想解释这些理由)永远不能使这个经济制度占据超过地球三分之一的地位;这种情形可以在它‖恣惠‖蒙昧人对我们的文明和对法律所要求的服从发生反感中看到；另一方面它却‖赋予‖文明人和野蛮人以十分强烈的组织帮派的倾向，残酷的惩罚也几乎控制不住他们，假如惩罚引起的恐怖一旦不再发生效力，成为生产轴心的雇佣工人和奴隶就会从四面八方举行起义，而立刻把野蛮制度和文明制度推翻。

可见上帝的行为是英明的，他不使这个成为大多数人沉重负担的经济制度扩及整个地球；如果它在某一个地区得到了成功，自然就会在另一个地方为它设置下敌人。如果说生产在欧洲完成了某些成就，难道说它在亚洲不是失去了广大的领域吗？如果说文明世界在美洲建立了薄弱的殖民地，而这个殖民地由于非洲人的黄热病和不可遏止的仇恨已经有衰落的危险，那么难道说它不是已经失去了希腊、埃及、迦太基、小亚细亚和加尔底亚①吗？在一些庞大而美丽的国家里，生产被窒息，例如，巴克特里亚生产刚刚开始进行就被窒息了。在东方曾享过盛名的撒马拉罕强国，以及从里海到印度河口的整个地区，重新组成了游牧部落。东印度由于英国人的压迫而走向了毁灭，因为英国人的压迫激起了他们对农业的厌恶，而与鞑靼-马哈拉②结合，而鞑靼-马哈拉将来则会由奥里萨③一带散开，而扩张到西高止和东高止山脉方面，并且将从四面八方集合马勒巴和科罗曼德尔海滨的各族人民，使他们放弃狩猎而走向生产。

在环绕着波斯、印度半岛和中国的一切山区，大批的农民军每

---

① 此为古希腊人在巴比伦后期历史（公元前7—前6世纪）中对巴比伦的称呼。——译者
② 聚居在印度中部的一个民族。——译者
③ 印度东部的一个地区。——译者

天都给亚洲的农业带来损失;甚至在我们的大门口,还有农民大军在土耳其到处出没,同时在东方一度繁荣富强的国家如白古①、暹罗,又重新降落到最野蛮和衰弱的地步。甚至像中国这么一个吝啬而贫穷的大国,也陷入了极其衰败的处境;芬·勒拉安②的最近报道为我们打开眼界,认识了中国的虚有其表的华丽,而马卡特尼虽然也十分喜欢中国,也承认朝廷的暴虐和人民的不可想象的贫困。大批农民军占据着中国的广大地域,像李自成这样大规模的起义自更不必说了,可以看到,各地的农民军拥有怎样巨大的人数足以围困和劫掠北京。在这个曾经以热爱劳动著称的中国,我们在距北京四里以外,竟发现良田完全变成荒原,在南方各省,牧师虽号召人民进行农业劳动也是枉然的——人民依然使广大的地区荒芜,而愈来愈多地加入农民军。对文明世界来说,农民乃是永远准备着吞没文明世界的火山,是一个年深月久的脓疮,纵使一时缓和,但一旦停止治疗,就会重新发作。最后,到处受着农民军威胁的生产,只能依靠断头台来维持,而雇佣劳动人民这种要组织农民军的普遍意向,把社会制度的全部期望归结为唯一的一个任务:发现新的社会制度,保证参加生产者中的不甚富裕的人以充分的幸福,使他们永远地、热烈地喜爱自己的劳动,而放弃他们在文明制度下所全力以赴的掠劫行为和无为的状态③。

在你们未解决这个任务以前,自然界将会对你们施以不断的

---

① 白古一度是穆伊或塔兰族的独立国,自十八世纪后半叶起成为缅甸的一个省份。——译者
② 芬·勒拉安(约生于1739年,卒年不详),荷兰旅行家。——译者
③ 傅立叶在这里对以李自成为首的中国农民军的看法是十分错误的。——译者

攻击——对自然界来说,你们只是一种负担;所以,你们要定期的革命……因为革命是它疲惫不堪忍受的标志。你们的社会在前进中就像树懒一样,它每走动一步就发出一声深沉的呻吟。文明制度也同它一样,以不可思议的缓慢步伐向前穿过暴风雨,而它的改善的企图只会引起新的犯罪和新的牺牲。

社会运动在达到协调制度以前还要经过九个阶段。不管我们所要走过的这个阶段如何,还要出现的是:

文明时期的最后阶段

第六时期的四个阶段

第七时期的四个阶段

但是,哪怕是还要通过一百个阶段,我们看到,哲学也不会发现其中的一个,它每次都是在某一阶段出现以后才去宣扬,而且它用辩护的言辞使它自己蒙受愈来愈多的嘲笑;因为到第一百个阶段时我们就有权对它说,它九十九次受骗了,因为每次它都认为社会运动是处在它的最后界限;我们有权对它说,它对理性的尽善尽美的阿谀和自夸,在第一百个阶段也不会比在第一阶段值得更多的信任,因为它并没有阐明未来的和过去的运动变化的一般体系。

两个缺点阻挠着哲学,使它不能有任何发展:

相信未来是不可能洞察的,在运动中视线是转向后面的,亦即通过和过去相比较的办法来判断现在,——这是第一个缺点。

在管理制度中去探寻幸福的根源,而不是在生活制度的变化中去追寻幸福——这是哲学的第二个缺点。

它沉溺于这两种谬误中,就只能增加人类的灾难,不管它采取什么措施。

传道者……形而上学者、政治学和道德学家,看了证明你们荒谬的这些证据之后,你们还胆敢奢求得到智者的称号吗?为使你们陷入狼狈的状态,只要告诉你们:如果你们这由理性决定的制度只能永久地造成贫困和纷争,那还是请你们给我们由非理性决定的制度吧,只要它们能安定狂怒的发作和减轻人民的痛苦就好了。

你们预先感觉到永远有雷击的危险威胁着你们,你们认识到你们的王国快要终结时,难道说你们会感到奇怪吗?当你们为自然界的神秘莫测而感慨系之的时候,在你们的著名泰斗们的著作中就已经看到了它的预言;你们应该预见到,从它被剪裁出来的日子起,你们的非精确的科学就成为无用的废物了。

你们且浏览一下这些搜集有新旧时代各宗派的痴思梦想的大图书馆里,在这些建筑物中,在那里惊愕的眼睛会在那一望无际的书廊中仔细看到三十层楼高的书籍。如果自然的规律包含在这个书堆里,有什么人能够希望在何时认识到它们呢?一生也读不完这些书,更不要说分析它们的矛盾了。

然而,你们却断言理性尽善尽美了;你们除了在理性误入迷途的弯路上转些圈子外,还做了些什么呢?昨天你们还在责备巴托罗缪之夜的狂热,今天九月监狱①却来责备你们了。昨天有那使欧洲笼罩着一片悲哀的十字军东征,今天却是那夺取两百万条人命的博爱,而明天还会有另外一个什么幻影使欧洲浸沉在血泊之中,以便造成同样的结局——贫穷和革命。

---

① 傅立叶在这里指的是 1792 年 9 月,当时法国曾大批屠杀革命的敌人。——译者

你们要从科学的麻痹中摆脱出来。你们在蹂躏了你们曾为它而多次丢脸的教条之后,是否会发生动摇呢?斯太尔①说道:"非精确的科学破坏了许多迷妄,却未确立一个真理,它因年老而重新坠入科学的幼年时代,由于自作聪明而陷入非精确性。"

这就是你们对于你们自己的知识的判断。请你们准备用脚践踏自己的政治和道德的图书吧!它们很快就会成为积累这些书籍的民族的耻辱。

你们冲撞这个不可动摇的情欲的峭壁,你们所指望的是什么呢?它们在什么时候、什么地方在你们的体系面前低过头呢?它们得意洋洋地、不可遏止地向着运动的创造者为它们规划的道路行进;它们只要吹一口气就可以把你们的全部理论吹翻。你们要考虑到,现在这一大堆体系只不过是不可靠的探索,而探索则应该是走在真理发现之前的。

试想,这样的光辉灿烂的荣誉行将烟消云散,这对于文明制度的骄傲是极大的侮辱,——我是这样感觉的;不过拥有这种荣誉的人大多数已经不在人间了;至于那些仍旧活着的人——他们也将会以最后认识了向他们隐讳已久,而且对他们只有卑视的这个自然规律的愉快而得到补偿,虽然他们在二十三个世纪的漫长期间中已经接近自然了。

伟大壮丽的场面为你们的天才打开了。长久不驯服的自然界投降了;从今以后它已不再是神秘了,你们将会洞察到比过去所企望的更深入一百倍;但是必须不要再把规律强加于自然界,而是要

---

① 斯太尔(1693—1750年),法国女作家。——译者

在引力中来探求它的规律,因为引力是它的意志的预言者。正是遵循着这条途径,物理学协调地建立起了真理的伟大建筑物和纪念碑,可是它的光辉也未必足以抵消未来几代人的眼中由你们的虚妄加诸十八世纪的耻辱。

你们也许会因为看到你们的苦难和耻辱的日子的来临而开始害怕起来;你们也许在担心,文明制度的人千万不要起来反对把他们引入迷途的领导者,你们的名字千万可不要变成最严厉的辱骂的字眼。请放心吧,相信逼近眉睫的幸福会向心灵中注入比苦恼更多的慰藉,只要协调制度一旦建立起来,精神将会极度为欢乐所陶醉,以致丢开那可憎恨的回忆。

你们要想共享欢乐,就要争取时间,你们要把你们用于卑劣目的和歌颂文明制度的那种漂亮的辞令返转来用来反对丑恶的文明制度。时间很急迫;你们在暴风雨中度过了自己的美好的年华;你们在担心,怕没有尝到行将来临的幸福就结束了最后的生命。对你们来说,除了决心作出光荣的牺牲外,没有别的应该抱定的决心。你们自己要准备为真理作出应有的大牺牲,拿起火炬,燃起篝火,以便把这一大堆非精确的科学抛到篝火里去。

我揭穿了你们的渺小;假如我也有我责备你们的那样缺点,假如我因为自己的洞察力达到了你们的眼光所根本不能达到的境界,便认为自己的洞察力是无限量的,那么你们同样也可以来责备我。我只做了其他成千的人在我之前就能够做的事情;但我独自一人向目标前进,既得不到支援,也没有业已开辟好的道路可循。我像哥伦布一样大胆地向人所不知的海洋,向那使各种各样学者感到恐惧的精确计算作第一次航行。我一个人使三千年来的幻想和愚蠢化为乌有。任何人不能觊觎我的发现的一小部分；现在和未来几代的人都应该为自己的幸运而感谢我一人，也只有那实行解放人类，把我所发现的神的规律付诸实现的人，才可以分沾这种感谢。

图书在版编目(CIP)数据

论商业　理性的谬误／(法)傅立叶著；汪耀三，庞龙，冀甫译.—北京：商务印书馆，2023(2023.6重印)
ISBN 978-7-100-21710-1

Ⅰ.①论… Ⅱ.①傅…②汪…③庞…④冀… Ⅲ.①空想社会主义—文集 Ⅳ.①D091.6-53

中国版本图书馆CIP数据核字(2022)第169095号

权利保留，侵权必究。

论商业　理性的谬误
〔法〕傅立叶　著
汪耀三　庞龙　冀甫　译
郭一民　校

商务印书馆出版
(北京王府井大街36号　邮政编码100710)
商务印书馆发行
北京艺辉伊航图文有限公司印刷
ISBN 978-7-100-21710-1

2023年1月第1版　　开本850×1168　1/32
2023年6月北京第2次印刷　印张7¾
定价：48.00元